雜卉園集

간행사

계명대학교(啓明大學校) 동산도서관(童山圖書館)에서는 옛 문헌을 수집 보존하고, 현재의 지식으로 재현 활용키 위하여 여러 가지 노력을 기울여 왔습니다. 수장(收藏)하고 있는 약 70,000책의 고서를 2004년 개교50주년을 기념하여 『고서종합목록(古書綜合目錄)』으로 정리 간행하였고, 1999년부터 문화재 지정을 지속적으로 신청하여 2006년 4건의 고서를 추가로 보물로 지정받음으로써 현재 총 11종20책의 국가문화재(國家文化財) 보물(寶物)을 보유하게 되었습니다. 이처럼 동산도서관의 고서의 수장은 질적, 양적으로 대학도서관으로서 가장 우수한 수준이라고 할 수 있습니다.

계명대학교 한국학연구원(韓國學硏究院)은 1973년 한국학연구소로 출범하여 문학, 역사학, 철학, 민속학 등 제반 분야에서 한국학 연구를 심화하고 활성화시켜 왔습니다. 이후 우리나라의 국제적 위상이 높아지고, 그에 따라 한국학을 세계화할 필요성이 높아짐에 따라 1989년 한국학연구소를 대학 부속기관으로 승격시키고, 기구를 확대 개편하여 한국학연구원으로 재출범하였습니다.

고전적(古典籍) 같은 한국학 자료는 역사적 가치와 미래적 가치를 동시에 지닌 인류의 소중한 학문적, 문화적 자산입니다. 이러한 자료가 국내외에 널리 공유될 수 있도록 하기 위해서는 자료의 가치에 대한 다양한 소개와 보급이 필수적입니다. 그리하여 한국학연구원에서는 이러한 취지에서 2007년 교육과학기술부 국학기초자료사업에 '계명대학교 동산도서관 소장 선본고서 해제 및 자료공개화 사업'을 신청하였고, 바로 선정되어 현재 원활히 사업을 수행하고 있습니다. 계명대학교 및 동산도서관에서는 이 사업의 취지에 공감하여 전폭적인 협력과 지원을 하고 있습니다.

1999년 동산도서관에서는 '계명대학교 동산도서관 고문헌총서'를 기획하여 1집으로 『무예제보번역속집(武藝諸譜飜譯續集)』(1999), 2집으로 『두시언해(杜詩諺解)』(2000)를 영인, 보급하여 학계의 좋은 반응을 얻은 바 있습니다. 재정적 문제로 사업이 지속되지 못하였던 바, 금번 자료공개화 사업의 일환으로 이 우수한 사업을 다시 잇게 되었습니다. 본서는 이러한 내력을 가지고 간행되는 것입니다. 이번에 영인되는 책은 김시습(金時習, 1435~1493)의 『매월당시고(梅月堂詩藁)』(3집)와 「매월당시사유록(梅月堂詩四遊錄)」(4집), 이륙(李陸, 1438~1498)의 『청파집(靑坡集)』(5집), 정희량(鄭希良, 1468~1502)의 『허암유고(虛庵遺藁)』(6집), 이중경(李重慶, 1599~ 1678)의 『잡훼원집(雜卉園集)』(7집)입니다. 이들은 간본(刊本)으로 현존 유일본 또는 희귀 초간본이거나, 필사본(筆寫本)으로 저자의 친필 초고본에 해당하는 귀중한 책들입니다. 그 구체적인 내용과 가치는 개별 해제를 참조해주시기 바랍니다.

한국학연구원과 동산도서관에서는 앞으로도 한국학연구에 도움이 되는 좋은 자료를 선정하여 연차적으로 영인본 또는 화상이미지로 보급하고자 합니다. 학계와 도서관계 여러분께서도 이러한 취지에 많이 성원해 주시고, 이들 자료를 바탕으로 활발한 연구가 이뤄지기를 기대합니다.

끝으로 이들 자료의 해제를 맡아주신 박철상, 장인진, 김연수 선생님을 비롯하여 사업의 기획, 자료 선정 및 편집 등에 수고해주신 관계자 여러분께 감사드립니다.

2008년 8월

계명대학교 동산도서관장 김 종 영

계명대학교 한국학연구원장 이 윤 갑

雜卉園集

雜卉園集序

余嘗置園而不治雜卉峻茂而
敷榮花葉莖蔓者各含造化之
生意余自愛玩之不厭日涉[illegible]
園而成趣人或癡余、猶不悔
顧何有於充圃之嘉蔬哉仍自
拍手曰殆有類夫余之為詩也
歟余常下筆亦爲冗雜吟咳而
無矩律然皆作之余獨好之然
何譜文言志亦遺興者乎然猶

作之不已至於累百餘篇錄之
雜稿幽之篋簡適家兒繕寫為
兩卷某乃敢覽之僭於而忸怩
矣遂名之曰雜存園集又可作
於雜存之能含造化生意也否
那嵓青龍之歲孟夏之日棲溪
散人書

子之於親凡有語言尚可銘于心
況在詩騷乎以是藏于家而永為私
寶焉 膝下兒 祜徵 俯伏謹誌

雜卉園集卷之一

詩

咏殘梅 呼韻

粉腮凋盡鬢生黃殘雪留枝映夕陽客到休言尋苦
晩窓間猶有舊清香

次李誼仲 名光義 号竹軒

暮嶺逢歲莫言新對面同嗟鬢似銀羨君抱志猶豪
健擬作丹霄第一人 元韻有將赴擧之意故云
萬欲皆休一志新宵看貴氣識金銀自從性理精通
處至道凝成盛德人

紫溪書院懷古

昔賢遺跡已蒼苔時世相遷問幾回汗竹名留惟大
道濯纓歌寂但荒臺歷嘗古廟神如在篆籀新碑德
益培欽景秖今多感臆滿庭春日老梅開

挽菊潭 林 十韻排律 名壽春 姓 外氏

夫子生平養德尊幽棲樂志老田園風情洒〻超凡
類氣宇軒〻脫世紛菊裏閑潭涵皓月窓前種竹映
清樽賞心時咏淵明句遣興長憑子美軒鄉里效仁
成美俗親朋慕義萃賢門塵間不羨貂金貴分內能
全壽福敦仙影未應留地上飆輪忽已去朝元舊堂
悽愴松聲冷虛幌依俙薜日昏溪壑空餘尋古跡芝

蘭尚可見兒孫精虆更托佳山水謾向泉臺吊斷魂

輓李德裔 名時先

連家仍友德信義托衷襟爲愛眞純質常欽孝悌心
如何未享壽其柰失知音衰病休人事深嗟負哭臨

挽將明甫 名文益 釣耕菴

病裏初聞我友亡那堪涕淚滿衣裳夙儒風彩長難
見麗澤交情未敢忘竹月清輝誰領畧滄洲物色已
凄涼釣翁身世今何在泌際舟虛野雨荒

次唐詩韻謝李謳仲見訪 用唐詩韻

洞裏春初暖村墟烟氣沉無人棲息並感子顧言深
訪我元正日談詩墨竹陰床前堆臘蕖窓外聽啼禽
夙計休長路生涯寄野林過從須皓首莫負雅契心

次李孫村奉呈竹翁 孫村名心弘

世事紛紛總不知雲山水石托心期十年書室投經
術一片漁磯理釣絲自喜安居身褐暖豈煩虛充饑
毛裏賴君契合閑中趣雅興秉春共和詩

對雪嶽

雪嶽崚嶒出半空早春寒色薄窓櫳畸翁對此知吾
與剩得詩脾勝槩同

謹次南冥先生題三足堂韻二首

昔賢遺軏躅百世雲山客一曲愚淵上風光入指畫
獨善豈素願行藏分物色漁獵是生涯仁義爲安宅
無心送歲月有朋唯歡伯可惜佐時才滄浪一垂白
遼鶴去不返金谷埋精魄金谷先生葬地在淵西二里之間
抱才期一展蹔時人間客歸來舊烟霞仙凡自區畫
一片江上臺萬古青山色身被子陵裘心闲謝眺宅
潔操辭爵禄高風幾侯伯人去問幾秋山空寒月白
孙吟久徘徊掩涕招魂魄

謹次三足堂先生韻

雲山疊疊水淵淵山水無人百代傳山水不盡傳不
畫雲山無語水無言

又次一絶

山可採兮水可漁山多金蕨水銀魚後人渾浔前人
趣知我闲情孰有諸

謹次金藥峯題三足堂韻 名堯一

扶節尋舊跡路入薜蘿陰鳥語傳春恨松聲想古琴
江流鳴萬谷山色碧千尋復有蒼空月偏傷客子心

偶題

梅植窓前一樹梅每年先占我愁闲青春莽莽枝頭
過白髮星星鬢上堆詩欲就時花正落月當明處酒

堪催只憐晩節留相好脫俗還多物色猜

田文憶友人

村柳春望空首回雨郊青挹半簾閑軒清可與誰斟
酒门掩閑中庭落梅

人誰共此賞白雪落梅庭春夜清明月頻愁夢裡情

道坪精舍次韻

朝策羸駒始出頭畸翁榻上整相休初閑柳店三聲
笛却似緱山一片秋酒入新詩挑野興花濃晴日擺
時憂老夫此外知何事莫道人间歲月流

次不知窩韻 金基發之窩也

為拓遺墟古岸隈結茅猶倣昔人裁烟光断續千村
近野色平分一水廻小榻涼生林雨過晴窓睡起竹
風來隔隣詩老乘春訪酒滿清樽花又開

馬甃

廝童報驥病春睡曉初醒霧鬣摧難拂風嘶寂未聽
竹村行已断山雨草空青駿骨懷平昔雙蹄跡在庭

丙申三月服闋後作

樽有芳醪案有書餘生還着舊閑居衰顔杖盡三年
淚老腹咲仍一箸蔬熹笑梅簷香淡〻孫吟松塢影
跡〻日暄南陌春農近要與村翁共荷鋤

丙申春服闋三月始至梧臺有感懷作 二首

草土三年未死身重尋泉石屬殘春銀鮮縱在將誰養悲淚泫然益慕親

生平願作物外身不充仙緣可千春秪今却少長生計世上無緣更見親

、聽溪　看柳

懸溜鳴琴枕下幽靜聽終夜瀉閑愁夢魂不到人間世身在青山綠水頭

閑外無心事ㄷ幽春歸不識送春愁山花已盡唯溪柳綠影玲瓏釣石頭

與誼仲同行馬上呼韻

綠路芊ㄷ綠草長浪遊隨意自無方幸同良友酬唫咏興八桃花春酒床

行盡溪山夕路長暮春人世是何方柳烟村裡君家在要與含盃醉倚床

李禮仲山居呼韻 名光禮 家居巨淵之上 号醉翁亭 二絶

青山霽後宿雲褰剩得清輝乍倚欄一鳥聲中春柳綠聽琴仍到夜將闌

主翁身世最清寒手結山中一小欄客到敲门驚午睡巨淵晴渚百花闌

次鄭昌溪川泛舟 為密陽府伯

雨後春波沒岸沙小舟行泝柳烟涯芳洲月滿笙歌
動竹嶼風清醉帽斜欲問天津江色濶迴瞻仙府樹
陰賒憑處更覺超塵累身世飄然入彩霞

次朴而訥 名敏行時為省峴官

道合心同出並時隘窮還共此生涯嶺鄉傾蓋今何
晩竹舘清襟始披窺義氣文聲知取友多聞達識可
為師自從孫陋頹岭日三益非君更有誰

在梧臺次前韻待誼仲諸君

畏日西頹欲暮時青山影倒水雲涯小庭花老風常
静處閑人眠鳥自窺柳渚無心雙白鷺石逕飛錫一
禪師良朋有約跫音斷林外行過却是誰

梧臺次謝諸友及新知朴而訥

踏盡青山路知君有信來披雲閑入谷把袖迴登臺
舊面欣三益新知感百回相逢無限興清夜共啣盃

送誼仲禮仲汪然用前韻

溪頭共惜別更問幾時來悵悵林邊路孤吟松下臺
遲遲行復止去去首頻回愁亂將何慰呼兒索酒盃

次朴而訥韻

窓閑唯碧水雲捲即青山獨坐窮朝暮無心人世間

代次地主送酒書院接儒無絶句 地主柳炫

三壺滿貯愛民心澤及寒生厚似衾飽德含恩難報

處空令蟋蟀費秋吟

元韻 柳炫

共抱圖南萬里心閉門應覆子安衾清州從事今

無事勸送書堂慰苦吟

次方伯東京懷古韻 方伯徐元履

古國風烟客浪遊千年往事一回頭鳳凰臺下鍾鳴

夜鮑石亭邊葉落秋王業已從禾黍盡月城猶帶海

山留何人更弄三聲笛恨入晴川咽不流

次眞凞上人

聞說老禪棲薜蘿白雲爲衲餐瓊霞塵無身世斷塵

念寂滅心工專道家錫飛雪嶺真遊逈杯渡清湖仙

影斜路入虎溪此不遠願從吾友尋周沙

敬次方伯題梧臺韻四首 徐元履 兼謝見屬之意

相國仁恩軍嶺表愛民先自撫鰥孤棠陰日靜春風

暖生意偏多一老梧

虛老明時宜素分小庄還占薜蘿天滿園風日春將

好鼓待尋花問柳賢

晝對青山夜對月此間休道此身孤靜聽窓外清琴

韻踈雨輕風洒碧梧

高臺逈出彩霞邊中夜風淸月滿天獨自徘徊松影
裡鵲然渾得此心賢

次地主韻 地主李燦漢

歲律屬新春東風吹萬物悠〻太古天鵠〻陽和蕟
良牧又重恩生靈解飢渴顧我衰朽身雙鬢皓如鶴
悼拙荷君子仰德推誠意主民分義深共是南中土
秉興遊習池笑談真勝事莫洒傷時淚須酣一樽酒
坐中亦有人而訥平生友

奉次方伯韻仍贈誼仲二絶

竹裡閑居成小村百年生計有莊園莫言身老長無
事秋月春花對一樽

一脉文華自杏村詠詩長任百花園才名虛老知何
意忘世還堪托酒樽

君卧畸村我寄村共忘時事老丘園興來相訪相携
處只有香醪滿尾樽

尋養精寺

春日尋孫寺吟筇石路危辛夷花已老松桂影初垂
窓靜談玄穩烟踈煮粥遲居然山欲暮却向老禪辭

代製月課 早朝用唐人故事

銀燭朝天紫陌長

春天曉昧爽紫陌望迢遙銀燭交星漢金门簇具僚
祥雲瞻玉座榮彩耀丹霄恩霈臣隣重騰惟日早朝

月課 月過南宮 漸狀樓 代製

禁城天氣屬新秋桂月清輝近玉樓影伴蓬萊宮燭
轉光侵欄檻席文浮千门掩處烟華靜五漏催特霽
色流半夜孤臣鄉夢罷客窓添却一般愁

霽景

積雨初收出野亭參田秋老稻畦青千家春杵時々
急十里農歌處々聽明麗山川饒勝賞太平天地樂
生靈高吟散步挑詩興不覺林丘日欲暝

送別徐方伯 方伯有歸卧白鷺洲之意故末句及之

宣化南州已一年風彩俗易賴仁賢羊公郭國紆宸
眷召伯留名自世傳白鷺閑洲歸夢裡蒼龍魏闕望
雲邊也知出處安危在莫向仙區伴鷗眠 此伯之考曾此道方伯

在梧臺謾咏

世人何事汨塵囂誰識幽閑此不還謀食豈如謀道
貴養身寧比養心饒賓朋有約還無信鷗鷺相親是
久要獨坐溪亭忘俗累映窓蘿月可清宵

梧臺觀漲

雲山昨夜雨灕盈溪水今朝漲洞門怒濤兼天邇遠

海横流濫壑浸平原漸移漁艇登江岸倚斥浮槎護
菜園極目西南波浩渺輕帆直欲泝河源

聞詩妓楚玉韻次咏

蓬島雲霞去路迷彩仙空住璧池西丹唇寶唾成珠
玉無限春心月滿閨
花下粧成春態迷紅顏應是越溪西暗結芳心空脉
脉柳鶯何處是香閨

淑上人詩軸 二首

問爾來從何處山竹節雲衲類高閑禪心尚不專虛
寂喜訪吾儒禮義聞
塵緣滅盡一身閑道骨鍛成雙足白百里纖毫眼界
中慈航泛泛無津陌
去逐浮雲遠還從老鶴回飄然身不住本是學如來

挽李孤村 心弘

南州詩伯號孤村九十遐齡齒德尊生涯淡泊任性
分只有窓間梅一盆翱翔李杜千載後满篋篇章揔
瑻琨天生大才未展布空有傑卓名聲存 聖朝曾
頒優老典素封中樞含至恩鯫生猥托忘年契分義
愈深忝連門相思每荷有簡寄笑談幾許登幽軒地
上仙蹤忽已遠去乘白雲辭塵喧無公正閑風與月

又断三峽之詞源清標雅度嗟永訣歲暮寒日丹旌

黼

奉呈斗粟李汝愚寓所 名光智

想子南來計非專糊口難幾微在世變去就省身閑
鄕土還爲客囊資恐已殫唯將數斗粟少助歲時餐

咏盆梅次前韻贈汝愚

玉樹元高潔貞姿變態難盆中添雪白窓下與人閑
春意先能占詩情每不殫樽前携我友共欲拾香餐

汝愚佩酒來訪用前韻

佩酒來相勸殷勤不醉難劇談因善謔佳句剩清閑

交道今逾密歡心久豈殫家貧無所愧草草共朝餐

夜坐咏懷

暮宿朝興自在身居然歲月鬢毛新臘梅花下吟詩句村酒盃中見性眞門掩寂寥人客斷眼看遊戲子孫親老妻莫歎無衣食窮困從他分內貧

謝訒仲汝愚來訪

薄暮嚴風振野吹感君來訪屬絃時解携多日愁何說排坐良宵喜可知契托金蘭三益友枝連玉樹二奇姿臘梅香裡談眞趣共保幽貞皓首期

咏畵障二首

老畫名千古王維與鄭虔分明留墨迹洒落勝山川
細雨沉孤寺残霞出半舡茅齋誰偃息契濶少塵緣

又

雪積層崖白溪寒掛瀑氷幽人詩硯澁睡鶴縞衣凌
亂竹風疑動危巖泹欲崩應知神造化不獨畫師能

次汝愚誼仲雙清軒韻

富貴休從分外營白頭終未一名成時危浪迹人誰
共歲暮貞心竹與爭半庭踈雨看梅淨滿紙詩來入
眼驚最感賢公多意許願將春酒講深盟
花為帷幕柳為營白戰王春每請成詩入八陣軍酒
令筆健三捷管城爭君能作伯名何壯我自推鋒氣
已驚餘子紛紛思角力有誰今主將壇盟

哭亡弟初朞

朞日大聲同氣哭襄顔有淚雨懸鬚老梅花發今猶
在春酒盃斟甫獨無嗟悼八門皆故舊悲踊滿室有
孀孤斷魂冥漠知何處墳托空山草自蕪

登巳嶺口占

哭弟歸登巳嶺上雨和残淚浥霜鬚眼望八巨腸堪
斷魂隔黄泉夢亦無荊樹花枯前歲慟鴒原影隻更此
身孤異鄉幽宅空長掩故里遊蹤日巳蕪

還家感懷

連氣分形親愛重六旬同老皓眉鬚自期百年相隨
盡只願三生別離無豈意泉臺君去亟可憐人世我
行孤寒衾孰與消清夜白日長眠夢草蕪

藏頭玉連環

里郊原入眺望年佳節百花香長村落鷄聲信卧軒
窓竹影凉雨朝過山欲碧壇宵坐月如霜思不見詩
中伴紙頻傳遣興章
雨連句暗容阻濁瀾風烟柳外霧竹村間有相思意
多久別嘆誰尋老拙户望蒼臺
出東林春鳥鳴啼村酒醉無醒時款枕辰時起不尋
朋子不伻事了忘愁自袪巾縱弊意猶精久晨炊長
不飽貧雖似老淵明

偶有所見回成玉連環

春天有雨皆連旬日茅簷溜似銀濯柳眉回蠶綠添
溪面漸盈濱朋絶迹無相問咏多酸不自珍食何緣
炊桂心長厭此艱辛

見娌覓米菜還有懷回成短律用前韻

幼婢持鶴觜採出蓺龍鬚好啜蔬羹淡寧嗌肉食無
魚珍誰五鼎方丈笑三孤野老多閑味園春菜更蕪

西江月詞

村雨多溜屋壁庭中水自成塘掩门愁坐日初長飢
呼春酒一爵醉後孤眠小榻淸遊幽事都忘兩鬢
衰盡髮更蒼任是閑居寂寞

次誼仲汝愚閑居二絶

休將萬事撓心閑世故能摧鏡裡顔只有安身怡命
處淸波江上白雲山

窮達由來摠在天白雲奚羨五侯烟十年閑放生涯
足林有幽軒渚有舡

麻為野服草為廬朝牧牛羊暮荷鋤老夫此外無餘
事案上時々閱古書

年來六十鬢成絲處老昇平　聖主時飢飽任他憂
樂外箇中眞趣有誰知

積雨添波沙岸崩漁人移棹入雲層蓬窓夜得溪村
興烟外千家點々燈

古间閑放兩三翁慣得前脩朴素風掩口休言人事
工芳樽共把竹林中

又次前韻雙淸軒五咏

嶙峋卓立作天閑雲罨峰頭雪滿顔形勢最為南國
勝我居偏愛此名山

右華岳

紫水東流波映天渚清沙白抹雲烟桃花細雨高臺
下興在浮荷一葉舡　右紫川
虛擲輕綸理釣絲苔磯閑住幾多時綠楊風外歎荷
笠名姓何曾世上知　右釣翁
水侵溪岸古橋崩芳草長郊隔一層牧童迷路歸當
暮晩笛聲中待月燈　右牧童
老作閑〻田舍翁耕犂素業趁春風長畦不惜埋芳
草叱犢聲抳野雨中　右耕叟

憶梧臺

獨坐愁難盡梧臺望杳然柳村春雨裡梅逕暮山前
厥處塵寰閙堪爲竹榻眠溪庭何日到光作卧雲仙

十字詩

竹　虛腹碧玉簇　影侵錦牘　森〻似嶰谷
梅　破腮皓雪堆　香滿春盃　皎〻比瓊瑰
風若梳雨爲沐　歲暮風聲寒肅〻　特立貞操能
月生乖霜不摧　夢裡新粧淡皚〻　孤高真態逈
全幽獨　閑居深院可使食無肉　清軒靜榻對此
出塵埃　散步閑庭每見年後凋　疎簾細雨伴奇
君長踏跡
姿空緋細

用十字韻仍成排律二首

老夫孤寂誰相伴賴有庭邊一樹梅窓外月明憐瘦骨雪中春早看瓊腮玦苔查腹氷魂冷啼鳥枝頭粉色堆素艷渾宜當几案暗香時復入樽盃風梳曉露窓生馥影帶斜暉席滿瑰逸士蹤塵清意切嬌娥恨别玉眉攢蚌含小貝朝朝吐鮫泣寒珠箇箇膛湖工絲年成雅趣世間何處柰紛挨不從桃李爭榮媚好傍幽居任性閑歲暮貞心猶未變許吾蹤放共徘徊

又

森林植物幾千餘寂寞墻頭生綠竹勁節凌霜儼氣容直躬脫俗虛心腹烟凝翠色自蒼蒼玉立脩竿何簇簇影掃溪月襯酒迸光含曉露沾詩牘清宵雨滴韻生琴寒日風鳴秋滿谷盛夏陰濃爽欲氷纖塵葉拂清如沐蔣擽可與栢園齊烈士還令人意肅托契年來甭既親閑居遲暮吾何獨生平對此好傾觴晨夕臨軒忘食肉為借庭前士寸金喜看新笋龍騰跋

偶題寄嶠嶺

曾逢丙子運蹇年恥辱難將大海滿南城忍說乘輿出西路箒看虜使連洛中士女顏皆厚塞外衣冠勝欲穿忘君負國人爭效病客危言莫浪傳

偶題

令節清明近催花雨霽然泉鳴短籬外草合小窓前
鳥喚幽人興春沉醉客眠剩閑還寂寞何處訪詩仙

又用前韻賦閑居

杯樽連枕席萬事入陶然妻子蓬床下詩書老眼前
醒時吟短律醉後着閑眠脫略人間務還爲地上仙

次韻

日夕倚高亭吟詩骨欲青庭梅花散落塢竹韻清冷
山際閑雲霧波心動月星窓間憑一枕村笛夢中聽

文

老病花春客人間似我無愁如惡少厭酒作好朋呼
志氣摧秋驥生謀羨野鷄閑心多少事都付一窮途

登濯纓臺次韻

野雨初晴萬柳春古臺風色起騷人遙吟遐想臨溪
水鏡面清無點一塵
生平六十有餘春莫是衰遲白首人豪氣入詩〻語
健登臺能續昔賢塵
臺下清流臺上春百年如見大賢人餘風揖處知君
寂長使踈慵托後塵

奉次納清韻

居閑守拙自無營食德藏名道已成心地平通隨處
好聽天安樂與誰爭納清軒上梅香動遣與詩中鳥
意驚更有西隣情裡友共君深結歲寒盟

巨淵亭墟次誼仲韻

剥落荒臺歲月遥空餘老樹閱春燒緣崖細路愁烟
草經雨寒林泣露鵂昔日溪山今尚在遺墟肯搆孰
能樹願君復復前人迹竹子花孫莫八推

在梧臺吟

梧臺清勝之遊客比登仙日暖花腮艶春深柳態姸
谷長溪意懶雲薄月光穿滿載漁舟興平灣百丈牽

梧臺待周卿 姓朴名文度

芳草沿江路佳期何太遲波心風靜處山頂日斜時
望眼迷深樹吟唇徵短詩瑤琴多怨響誰復和相思

誼仲禮仲汝愚共尋梧臺記行排律二十四韻

示諸君

我有梧臺勝羣賢許共尋平明長路上薄暮巨淵潯
信宿三桑並高歌子夜深荒墟訪古迹斜日映踈林
歇馬楡川驛揚鞭渚柳陰風烟開俗眼水石濁煩襟
棧道危千仞峯巒簇萬簪亭高知迥出軒敞喜登臨
身在何超越精神比寂岑誼愚成美句禮仲又知音

山吐當簷月溪鎔蒲壑金松梢聞爽籟窓外有啼禽
鷹搏山梁雉厨烹澗畔蔘岩花和雪煮玉斝隔霞斟
良覿温窩叟相携石榻吟佳辰無限興皓首久要心
塵慮詩能破閑愁酒自禁漁童朝薦膾炊婦夕催砧
洒〻多幽趣泠〻聽緑琴武夷聞夙昔雲物想于今
早起連歸袂行遲觸晴霖梨崖泉滴〻樵嶺樹森〻
反顧猶蒼翠回驂更驚駸輕飈從北轉落照已西沉
暫憩畸翁室雞堪困睡侵還家掩竹戸頹卧擁寒衾

閏三月 己亥

荏苒年光九十過百花飄盡剩閑愁皇天解此遊人
意故閏三旬春更留

閏三月旬二張時傑適至要作觀魚因成反律

寄汝愚

紫溪波始濶漁父可觀魚一飯芭荷葉青莎籍柳苴
竹社要閑客蓬床起老余張君謀此會蒲酒問何如

己亥季春海印寺金身流汗琴湖斷流人謂壬
辰倭寇丙子胡亂有此變云 庚子辛丑大旱人民飢且癘死
海寺金身汗琴湖流水斷異灾既匪常時事將騷亂
但自念艱虞焉能思濟難太平如可回收復人心渙

己亥閏三月二十五日改築濯纓先生墓

水餘村北草萊中古墓凄凉問牧童可惜寃魂埋淺
土猶聞老栢帶高風佳陵更築崇如嶽短碣重磨淨
似銅地下精靈應不憾後来人識濯纓公
氣節堂〻宇宙中寧知構捏有段童曾從木縣移寃
骨為設鄉祠振世風毅魄千秋臨斧屋高名百代鏤
鐘銅斯文更值崇賢日增築佳城頼李公 郡守李燦

謝地主臨訪用前韻

鹿車行出郡城中閭里爭趋竹馬童衰羸兒欠村氓
道太守空多山簡風皇蓋臨门榮蔽屋威儀當席耀
章銅推誠為獻蒭蕘說治在仁民政必公

久不見朴東梁偶然来訪悲喜咏詩

伊昔相從少壯時簡中懽謔許心知居然六十年光
暮皓首三千丈髮垂草土生全君又我病愁支遣喜
還悲偶回来訪欣携手無根情懷說不遺

聞有東海氷 三陟地三月海氷云

東風吹海浪千層一夜寒生涷合氷人說是災曾有
驗壬辰之歲島夷興

當歸寄自山中

一掬山中菜青葱膩更肥寄来知有意雲谷我當歸

種西果

愽望何年西石遊来傳仙果至今留園中種得三叢
王炎夏咲生滿腹秋

聽鶯志感

年ミ春樹聽鶯聲巧舌间関若有情莫向愁人啼不
歇感懐空自淚沾纓 田時思親憶弟不勝感懐

命順成網魚 古風

肉食素無謀茹蔬當老呰貧何可市魚门外過商賈
朝暮只蔡羮謾向厨兒怒老婦爲余言夫君誠自取
科名既無成仕宦亦懶賭富貴天不與徒然卧蓬戶
衣食顧誰資在世還㝡輔聽語低白頭默然心自憮
桑聲呼賤男諭以養老父前溪魚正肥從往施密罟
寸鱗如有得可以充吾肚一飽足安身豈羨列五鼎
分外倘有營恐或忝先祖爵禄亦危方所余安貧窶
婦言縱似然焉知命與數怡心倚桄眠幽軒日巳午

竹節

少日偏多愛竹心階頭長對玉森ミ秪今須汝扶衰
老步相從契益深

隣有少年来言倭聲洶ミ諸邑人民皆為避亂
聞倭我計云曰以一絶解之

治兵鍊卒十年餘國勢從来磐石如外侮當今何足

畏侵邉凶穢易誅鋤

陶尾盖屋 己亥作家庚子入宅

四十年来草屋居風披雨溜每愁余辛勤綿力陶新

尾做得三间碧玉廬

石假山

斫取金刚山一角嵯峨形勢小如拳幽軒靜對奇峰

壑像想雲岑萬二千

採桑女

墻外桑枝素手高纖腰不露翠鬟鞱村童叩問含羞

道也是東家小玉桃

聽两外孫讀書

卜宅當年知出相諸孫中有二麒麟妙吟書史俱聰

敏外祖惟心少比倫

丙子冬棲鶴駕山有詩僧號一清為方外交以

後廿餘年来尋我居次贈軸韻二絶

禪心道骨一何清脚踏閑雲不住行廿載重逢驚老

瘦鶴山猶記舊詩聲

憶得舊贈一清絶句

名是一清心是釋身如瘦鶴衲如雲洒然擺脱塵寰

累高卧虛空不住门

贈一清

桂月松風瀟意清竹節雲衲任閑行羽仙何處飄然
興長帶山光與水聲

一清軸中敬見曺梅湖倣筆跡因次其韻

梅花仙去後玉字感空留繡句元奇絕閑情更窈悠
風標曾洒脫偃息想清幽寂莫西湖月遺光向裏求

贈別一清用前韻

僧從鶴駕至溪上共淹留一鉢行裝淡千山去路悠
浮雲何處住懸磬古林幽怊悵仙凡隔重逢未易求

次軸詩西厓韻二首

獨坐幽軒朝又昏無人相訪掩閑門忽然驚喜山僧
至舊是同遊鶴由雲

荒村病蟄氣昏昏長日吟呻不出門逢着閑僧閑一
話快如披豁碧空雲

霽景

雨歇烟銷霽色分東岑日出物騰文朝凉乍動春衣
薄滿酌松醪取醉醺

老馬

鬐鬣摧殘瘦骨高垂頭櫪下幾悲嘷誰將石粟飼千
里金勒銀鞍意氣豪

薔薇花落

薔薇花自落金滴滿階黃倘是南無鎰應售酒百觴

己亥蟜蛙羣入彥陽縣城人言去〻壬辰有比

変云

百萬蛙羣入彥城人言舊驗在戎兵晉陽當日民無
叛不是凶災反是禎

憎鳶

戾天曾是理中禽反有貪饕害物心鷄兒飲啄頻来
攫直欲張機盡族擒

效唐詩閨怨

無限春愁化劒鋩斷人腸盡夢猶長夢中歸被閑山
雨添滑相思淚萬行

同一清訪敬伯

閑隨老釋出東皐仍訪隣村敬伯曹古柳飄花飛雪
白新篁帶籜出墻高大乘鷩謝詩膽軸小玉欣稱酒
上槽俄有畸翁亦自至笑談終日興滔〻

送一清謁畸軒仍寄小絕

白雲一片歸影過清軒下霞佩倘相留山光應滿座

醉後

昨對東家酒歸来醉冥〻諸孫扶夜枕老妻候朝醒

汲井添餘渴斟盃解宿醒閑愁時未至高卧尚平寧

詩癖

年来百病苦纒身詩癖還添一症新伏枕吟哦長未歇煩含藥酒冀稍痊

治行將向溪庄

厭苦村家百務煩行將擺脫入桃源幽人喜旻同歸約好友要携共醉樽一槖輕裝漁父意單騎暫憩野翁軒夕陽迴踏青山影歸卧梧臺宿霧痕

冷泉 在郡東十里

行々十里度長松鶴頂山前暫住筇石隙飛泉寒欲

冱林間爽氣凜如冬總含一掬咀氷雪沉洗雙趺觸釰鋒炎夏長程多病暍幾人爭取滌煩胷

到梧臺寄誼仲

踏盡青山暮影来水聲迎客洞雲閑洲邊白鷺心盟慣屋角蒼松喜色培登俎鱖魚銀縷細滿甌新釀玉霞醅顧君擺脫塵間事共我清閑卧鳳臺

溪亭早起

曉閑窓葉俯長洲宿霧初收水色浮山影倒沉波底碧雲光斜入眼中某穿林細路僧歸懶遠屋趺松鳥語幽漁艇漸移潭渚泊呼兒催問得魚優

與沈子瞻觀魚馬淵 名檍 被謫在榆川

憐君倚杖馬淵濱 放迹林泉亦是恩 松壑日斜雲影
合 柳汀風亂浪花皺 游魚䲝䌸漁人喋 鮝腹騰波水
色掀 閑勝從來饒趣味 石盤銀膾綠荷飧

子瞻有約相尋阻雨不至

有約相尋溪上亭 朝來小雨閉山扃 悵望終日孤吟
處 寂寞棠花落滿庭

溪邊雨景

雲合青山雨滿溪 村迷谷暗暮烟低 石灘聲裡漁翁
立 蓑笠還從宿鷺齊

夕霽

風捲蒼雲洞壑分 清光還屬碧蘿门 長空洗出孤輪
月 影透疎林襲斷垠

一清自海印還 詩寺有古佛說金身流汗非兵
革則年豊云

災轉為祥聖世事 金身有汗說年豊 即今民食多艱
若 天意應將佑大東

戊子年作此亭今十二歲而往來猶不厭

來往溪庄十二年 充襄猶自愛林泉 此心不為魚羨
味 只是江居出俗塵

清江

人性元來水似清源流豈有濁塵生時看一物投江

渚激動波心涸本情

高路行人見白衣人喻過

大道横拖山半壁白衣人似鶴飛高我看為鶴渠非

鶴世工空多類此書

暮景

日落山逾碧風藏水自清亭高人意闊聊以養神精

燈夕次沈子曕韻二首

青山朝雨密林路入蒼茫咫尺人相阻墓邊幾悵望

柳店鸎啼日江村雨洒時相思知幾許流水斷無期

又

摩尼正此辰清夜還愁獨好事屬漁燈窗閒人自宿

又

九曲烟波十里迴昔年身入此中來青山久已留心

慣白首今何向世樓勝裡逢君情義厚溪邊把手笑

談閑顧從晴日頻相訪共卧良宵月滿臺

孤吟散步晩江湄先分微蹤淂自宜身外已看千慮

盡靜中長占百年期我當閑放幽林下賢又徘徊遠

水涯同是聽天休共惜襟懐淡泊月明時

臨江

一曲深潭鏡面平渚晴波淨細霞生飜空玉尺游魚躍映壁金虹夕照傾相近相親閑白鷺飛鳴飛過老黃鸎眼中長占清光澗頓覺披襟濯世情

訪子瞻行窩仍次前韻 柳川用前韻

細路緣江草色平遲遲老馬䭾浮生行窩閒寂要相話意氣清閑許自傾一局棊中消永日三盃酒後聽流鸎溪村向夕忘歸去兼謝同舍物外情

世間無處着心平歸卧烟霞老此生枕席清風幽興足薜蘿新月半輪傾丹忠戀闕悲秋鬢白首懷鄉聽曉鸎景惜高才空擲斥楚江孤影不勝情

謝周卿来訪溪亭

幾年同賞魯巖濱交契曾從水石親此日溪庄頻訪我殷勤坐對白頭人

漁燈

窓外漁燈半夜明鵁眠客睡一時驚不知山月三更隨光瀨江天一室清

撐舟

稚子撐舟上石灘白鷺驚散動清瀾晩山殘照添江色那箇分明畫裡看

梧溪書贈一清上人

老釋何年與我逢崇禎丙子鶴山冬暮鐘鳴淺玄談
穩臘雪飛時晩興供二十春風多薜夢三千世界阻
雲容遊節邂逅梧溪上共卧清宵月色濃

彥陽女家送来當歸海物

三束仙蔬與海腥寄来深領女兒情老夫一飽頻珍
重況又忘憂酒滿瓶

聞顧死翁

哀啼顧死是何翁中夜聞聲淚不禁問汝緣誰懐痛
毒親亡爺歿似吾心

玉連環贈一清上人

闊身维帶鉢囊縢 起頭人世相逢
水秉溪聲裡精節
雲三相逢物神還
辭話人世外爽向
不夜清明朋悟山
道澄相色頭心中
層幾隅凡真別室

四月十五日夜飲

今年已亥我生年首夏之望月白天阿子跪酬三爵

酒衆顔喜坐壽辰筵

感懷

慈母終天痛悲哀已七年每丁初度日空自淚漣漣

奉呈沈子瞻令公幽居 戊己子瞻別號

戊己幽棲寄小村閑門清晝到黃昏丹心戀主看明月白髮思歸望故園寸不遇時愁賈傅道難行世惜宗元追悠血泣忠懷切天日應須照覆盆

會飮 己亥四月十七日

一堂良會揔親朋酒裡情懷十倍增歌笑不知愁在腹共懽終日到張燈

偶吟

暮春單裌喜初成風詠方知點也情童子相隨閑出步乾坤物色揔新清

悶雨

白雲南去夕風高川渴山枯草欲靡萬國生民霓望絶何時患雨沛天膏

哀乞粮人 己亥

問汝顚連何處人翳桑皮骨最悲辛可憐無地號冤苦荒政誰能活此民

瀚衣

白衲單衫久汚塵着来無復可華身清溪洗出光如
雪爭道明衣皎潔人

偶吟

静看庭中樹枝〻葉〻竒自然(這般)關造化至理也誰知

、語頑婢

知汝行身苦反閑飡盂粥鉢不憂艱晏朝始起頑者
粟薄暮歸眠已掩関三日卧病無讓食千呼来現有
憎顏雖然易地吾猶憚姑舍鞭笞免譪訕

晩景

晩山殘照紅將歛孤店炊烟白欲低牧笛風傳郊外
響柳邊村路漸看迷

老樹

參天黛色百餘尋老腹空懷萬歲心生長本非閑世
事一村猶自賴清陰

、夜詠

三更不寐小窓間光透簾櫳月上山收入清熒方寸
裡澹然都是一心閑

夢遊三足堂二絶

古臺之上老封隂古臺之下晴霞深浮舟沂泗長波
渚覺得溪山夢裡尋

身在塵寰裡溪山夢寐間如何老病客長自憶清閑

村居

十里連墻好作隣相從唯是老農人春畊早罷偷閑隙睹醉村家醪岸葛巾

朝坐偶吟

昨夜清和淑氣全今朝平晏一心妍終然接物無塵雜便是身居太素天

聞人頭生角忠州座首禹舜民頭生角云 乙亥

末路人心多似獸便生頭角始今聞若非麒麟定無類歸屬桃林老牸羣

安岳赤水

安岳江流化血紅壬辰之歲漢波同若匪山花光映水應知源上斫蛟龍西厓集云壬辰春漢水三日為赤

清州神駒

清州牝馬産神駒前足龍爪後足牛不識此物何氣鍾非龍非馬典凡殊

富平白髮白目兒

老子初生頭已白後來千載更無聞惟此神胎又素髮雙瞳如玉寂異羣

京中黃雨

雨色如金満洛城鶯啼宮對但聞聲流水悠〃無白
浪却疑萬里黃河傾

有人來說此妝誒朝報相傳到嶺南理外謊言何足
信耳雖聞之舌宜含

謝沈子瞻來訪

溪工遊從餘興在來尋老病僻村中欣然一笑情懷
款竟夕彈碁對兩翁

賀子瞻吉夢同步前韻

孫忠想入宸心眷喜兆先回旅夢中時事安危誰倚
重巖廊帰作伏波翁

過黃公壚有感八韻律 尚書令王戎事

遊俠豪華舊酒徒軒車重過柳邊壚憶曾王友同懽
處尚有金龜賭飲觚花影壓樽留夜月吴姬嬍容倚
春衢朋知已與黃泉隔簪笏空餘皓首孤望裡青帘
寧獨訪盃中綠蟻共誰斟生前逸興唯醒醉世上蜉
蝣乍有無入眼風光愁自老傷心行路孰如吾九原
䰟魄逢相對知我今朝感此途

祈雨二十四韻

舊蹟伊西國山川夙著靈鼇蟠千古勢鼇山雲疊萬層
青雲門秀甲峯岧屼甲山湇鱗水泓渟巨淵神明能保佑異

驗自丁寧禱祀修牲幣弭灾貿昊冥邦氓奚有罪天
雨久無零原野皆焦土農時屬火星秋成望已斷春
務歎相傳國計將何給民寃孰可聽賢候爲是惕典
禮考諸經齋沐衣冠淨虔誠簋簠馨通宵依露幕吉
日拜壇庭十事須明告一言宜感聆忠良處相位棓
克在朝廷輔弼忘治道有司誤政刑貪贓侵列邑縲
絏怨幽囹未路久光大夷風多穢腥陰邪壞正理姦
宄侮藩屏物恠眞難究人心願察形揚聲陳歷〻玄
意悟惺〻俯伏散雖盱雲興忽晦暝油〻流霈澤隱
〻作雷霆枯草皖恩惠清渠浮白鈴深仁荷太守黎
庶舜郊垌
喜雨(二)首
雨脚如麻集四郊農夫齊喜樂聲喞方知卒歲無飢
色東土昇平自有爻
旱乾彌月庶民愁一雨今朝賴我侯萬物含恩生意
足從知禾稼大登秋
偶吟三絶
老作田園農者流春耕秋穫是生謀餘閑剩得吟詩
與此外頻營便不求
石榴花

老眼看榴花〻紅眼却明、應在花上不在吾眼睛

謾成三首

主人長卧一華堂外客何曾蹔對牀萬事都忘新月
夜清風時自入窓涼

心是居人身是堂幾年無事此安牀曾不遠遊長住
在恐令虚室属荒涼

早起從容掃一堂纖塵淨盡不留牀门前雜草常鋤
却審月光風自納涼

曉意

曉風吹饗葉聲旡雨意瀰天雲影長陽光不露村林
暗禦濕催含酒一觴

昨夜村庄雨一犂林滋土润乱蛙啼新泉想應涓〻
出催使家僮滙稲畦

喜雨

聖主憂時修省勤異灾銷盡百祥殷天流甘澍汪恩
洽地浥新精瑞色分秧畆水生無赤土参畦秋光飲
黄雲感深王化覃民物咸動歌謡樂欣〻

種白菊

封植庭前菊数叢只栽花白不栽紅秋来素髮應相
似俱向霜天意味同

偶次唐詩沈佺期遊雲门寺十一韻 [illegible]

物外尋孤寺千峰雲裡經路危攀翠樹橋迥躡青冥
玉塔臨幽壑仙宮接曉星溪喧摇月戶松老蔭禪庭
石色當窓冷山光入殿青晴霞留古岬列岫展新屏
階認支公跡堂羅釋氏形林深冝絶俗境寂自通靈
妙法高僧識寒鍾遠鶴聽金壇孤客宿半夜閉仙扃

吾邑亦有雲门寺

揷秧

雨鎔焦土踏成泥細揷新苗碧滿畦農唱高低風外
響遠過残照到幽棲

次唐詩劉禹錫金陵懷古韻

金陵聽説舊神州六代繁華次第收亡國尚遺千載
恨感時空白幾人頭丘園有樹雲烟老江水無心日
夜流版籍如今誰作主可憐名勝又荒秋 末句傷歎大明之亡

假蘭二絶

似蘭本非蘭無香聞亦難真蘭何處在只向似蘭看

又

東土古無蘭見蘭誠亦難憑誰真假辨謾與草中看

步前韻謝子膳

遠辞京洛舊湖山旅泊南州草樹間獘屋日長依小

榻虛舟風蕩避深灣愁回謾與酬佳句喜訪村翁覓
一涧顧與重尋雲水畔優游烟月共忘還

效白樂天寒閨怨體回次其韻

曉窓殘月香心靜秋樹低枝搖葉影彷彿郎君步蹀
拜暗窺紗隙金波冷

又換做

玉欄干頭暗佇香燈影滅天欲曙人到墻隅门不
開未諳妾在誰回去

偷梅兒

村兒偷青梅倚樹首每回覘得主翁眠纔去又還來

櫻桃

櫻桃着已纍枝綴萬紅珠色比珊瑚燦濃如甘露濡
含丹心更赤潤肺氣能蘇摘取盛磁器端宜養老夫

早起偶吟次賈浪仙韻

睡罷幽人起東窓日照初軒凉松露滴村靜洞雲虛
一氣通宵得千愁入酒疎潛心多古意可上對詩書

又次幽居韻

幽事還多擾催僮理僻園庭塵方可箒徑草且侵门
落砌須移石蕪場亦拔根終朝究不得頹卧懶無言

卧席

霽色開青嶂風光洒素屏怡然成一睡渾得此心清

屬兒子補網

非文非武我無能有子將何父業承所事惟知魚網

罟罔須治線補織罾

擬次姚合題天台寺壁韻

古寺虛堂風色涼客來閑坐飲霞裳山光老盡滿秋

後桂月揚輝斜入房

謙誼仲汝愚来訪

村巷寥寥閒犬吠門前知有友人来欣然笑把相思

袖聽壁光輝座上開

次唐詩崔湜征婦怨韻

園樹秋風早粧樓夕照明蛩鳴幽草冷鴈度塞雲驚

錦字啼愁織寒衣染淚成空將金鏡恨遙寄玉關情

次錢起題玉山村叟壁韻

幾日勞邊夢何時罷遠征妾心還似月夜夜過長城

雲垂谷自暗樹密烟常沉村僻居人少山長草徑深

溪群連夜雨竹色動秋陰門外稀塵客窓前狎水禽

孤棲容石榻獨宿近松林世路還相隔誰知老鶴心

次許堯佐金谷韻

金谷豪華盡千秋餘故園野花留粉黛江霧想層軒

雨似金疊溢鶯傳玉管繁雲歸山舊色林暗水通源
古道寒燐碧荒臺老鬼喧客心空感慨誰復對清樽

穿渠引水

穿澗乱石小渠通引出涓涓注野東天意何忘民事
急終無一雨佑農功

語穿渠役夫

嗟爾務農須不緩一年飢飽在急勤證余自懈詩書
業身老終難衣食殷

邊城四時怨

昨夜春風吹玉關思歸萬里夢初殘爺孃想自催新
婦一鴈封書寄雪山
塞草豊来戰馬肥燕然擒虜羽書飛功成五月勳勞
重只願尒時罷戍歸
邊塞新霜樹欲黄鴈啣蘆葉向南翔寒衣萬里憑誰
寄泣上長城日望鄉
金甲凝霜劒有瀲夜深入營壘不勝寒曉傳軍令催遊
擊凍雪飄旗出鴈山

少年行

朝騎白馬出城東紅杏村邊楊柳風酒伴相招行樂
處新粧兒女倚花中

次唐詩洞庭湖韻

天光水色浩難分惟見君山一點雲吳楚地連秋月
下數声瑤瑟是湘君

斑竹林邊望楚烟々光無際接吳天長波金躍浮殘
照樓在巴陵遠岸邊

秋瀲長湖月送輝孤舟蕩漾遠帆飛鴈群來處長風
起水國寒光滿客衣

苦熱

赫日杲々久旱天欝蒸愁坐病難痊卧簟瀌生風不
濯臨餐喘悪胃自黐曉井頻斟寒雪嗽藥炉催飲紫
蕎煎乞玉無緣清大熱冷秋空憶聽鳴蟬

次姑蘇臺

雨洗湖山草色新古臺無主但青春寒烟不散千秋
恨啼鳥群中有路人

次陌上美人

新粧朝倚陌頭花空駐遊人載酒車含笑不嫵酬一
語綠楊村裡是儂家

密雲不雨

雲彌六合久沉陰闵下天多欲雨心風伯如何將作
戲莫令東土有啇霖

大雨

滿空銀竹傾河溪溪漲黃潦沒舊沙桔槔無功覔望罷溝塍千里一時華

即事

雨打黃梅落烟沉碧草迷階邉苔有迹稚子踏青泥

九佳酒

九佳新釀熟侍妾薦初嘗一味甘辛並盃傳滿腹香

又

獨酌無酬酢一盃復一盃醺ㆍ長醉卧日ㆍ對樽罍

雨中

雨合烟林朝若暮溪喧深谷響如風田家喜意還愁乱竟日支離閉戶中

昨日鞋鳴礎又潤今朝雲合雨如麻莫言微物無知覺先占天時却不差

彌月瞻天待雨心終朝霖霡厭沉陰毁簷然竈淋難燒濕屋承盆滴不禁泉溢井欄漂汲綆水生臼岸罷

春砧隔溪消息還相阻竹裡清軒未易尋

病妻二首

荊布年今六十二井臼同老四旬餘病深瀕死猶持眼白髮垂肩囑野蔬

倚枕呻吟氣息危子孫居側揔含悲從權小醫須閒
口縷命無違百歲期

憎癰疾

何物爲魔大可憎侵人瘡癰苦難勝願揮大劒誅夷
盡將使陰邪痛自懲

次賈至與李白泛舟洞庭湖韻

秋高天濶鴈声多遠客孤舟泛素波月出吳山通楚
渚黃陵殘夜泣雙娥

次巴陵夜別

千里行舟近岳陽江波無際即清湘遊人却抱分離
恨斑竹叢中夜雨長

次明妃詞韻二首

一回南望一回悲空憶初從漢闕辭魂斷塞雲歸夢
盡燕支山下月明時

秋風吹起鴈南飛驚却胡霜冷透衣萬里燕山悲到
骨怨心長向漢天歸

端午二首

競渡曾聞楚俗傳天中佳節尚千年秪今龍作鞦韆
戲兒女飛〻彩雲邊

菖蒲初薦綠霞盃端午清晨霽色開百草含香呈藥

味幾人容與上春臺

鞦韆二首

綵樹高枝雙玉索曳人飛上半天中鷩鴻出塞翔秋
翰新燕穿林趂夕風

飛来飛去是何仙腕挾長風出半天飄拂霞裳朝玉
府桂花香動月宫邊

冶遊女娘

白苧輕衫紅錦裳新粧嬌倚翠樓旁冶遊佳節連群
隊爭上鞦韆拖雲鬟

山帶朝雲

山帶朝雲翠峀浮蓬瀛如望海東頭三千弱水還無
渚仙藥何緣為一求

梳白髮

清晨梳短髮滿面素絲垂細雪添莖日微霜入鬢時
閔心增歎老對鏡暗生悲李白三千丈應知有所思

齋後

雲捲青山出天開白日高晴林風淅〻閑院雀嘈〻
野店通幽徑江心起夕濤憑軒多爽氣詩與更滔〻

次栢林寺韻

孤寺閑僧曉撞鍾聲〻高出度雲松竹節尋向丹霞

洞始見參差殿後峰

次江村即事韻

披蓑把釣載漁船風靜波頭着一眠白鷺飛鳴鶯半
夢眼花紅散夕陽邉

次楓橋夜泊韻

楓橋江色接秋天篷窓涼生客不眠城外有寺知不
遠暮鍾声裡欲移船

次阿嬌怨韻

宮前細柳幾春華门掩黄昏又落花夢裏君王猶不
見皇恩已断少娃家

次天馬歌韻

神駒調養鬣初齊欲向天廐春一嘶不遇孫陽空尭
棄晩郊烟草蹋霜蹄

憎蒼蠅

爭喧羣聚盤盂上鼓翼摇頭枕席间八袖沿睚揮不
去赤增微物寂多姦

謝鍮鉢賈

尾樽斟飲既能便鍮鉢何須無價買為謝賈人行莫
留此翁生計充瀟洒

夢過李思叔故居有感 名儼

思叔亡已六載餘故人蹤跡久相疎昨夜夢尋蜩樹
社平生情感宿草墟琴歌寂寞虛堂在門巷凄凉外
孫居旁有月仙含淚說舊時風物想何如

次謳仲汝愚喜雨詩韻

生民粟粒向年無餓莩相塡骨已枯悔禍天心今可
見活人膏澤趁時敷登秋黍稷應將穫卒歲贏資不
復虞東土太平歸　聖主四郊蹈舞萬農夫

前溪閑詠

步出前溪柳岸邊徘徊眺望夕陽天雨餘山色濃如
滴野外雲容斷復連鳥哢新愁幽思動風傳細唱遠
聲姸朗吟無限懷人意詩寄東隣竹裡賢

國喪 己亥五月初四日昇遐七日聞訃 孝宗大王也

聖德君臨十一年靈承神武最光前悉何東國民無
祿遽爾南巡舜未旋朝野悲號寧有極山河恥辱竟
誰湔新王嗣服優仁孝　祚位應知萬歲延 孝廟朝治兵鍊卒欲洗山河之恥

出郊擧哀

千里南州隔九重遠臣無路哭天宮出郊瞻望悲號
處水滿長江雨滿空

五月十三日阻雨不得入公門野次會哭成服

素冠麻帶有方悲此日臣民最痛傷莫道 君门千
里隔哭拜猶徹紫霄旁

觀漲

大雨飜盆三晝夜沸騰川澤浩無涯壯觀何異臨蒼
海直欲長浮上漢槎

苦雨

屋漏庭泥連數日雲沉烟合断人行曉窓猶聽松声
乱久厭長霖濕寢屛

水破陵谷

谷變陵遷古所傳大川為陸〻成淵看得世事渾若
此莫言身在寂平田

霽後偶吟

山顔雨捲青依舊天宇雲開月更明海塞曽非湮夲
性便如心地一般清

野望

先種綠青後種黄青黄相间野騰光農家亦足供佳
景日〻憑軒望眼長

治綱綫二絶

黄金細線緝團〻引工環機十兩完漁父生涯唯此
務長綱會見截江灘

會懶臨淵結網心羨魚空自老江潯秪今晩覺治絲
計將食銀鮮好自任

苦雨

雲沉雨密無時歇潦漲溪騰十日連蟄迹霖中多苦
惱滿庭荒草自芊芊

喜晴

雲開天益碧日出鳥爭鳴欝塞稍還暢乾坤太朗明

炎熱

霖雨纔收赤日高濕雲消盡大炎熱還令老喘愁煩
渴移席松陰袒宿袍

夢見先師鄭東湖

仁人之量古人風學有淵源道有工師事半生恩義
重陪遊朝夕眷憐隆泉臺永隔增悲慕函丈長懷幾
感衷斤夢從容趨教席中心起敬發昏蒙揮毫和賜
梧溪咏覺後分明仰岱嵩

夜咏

月移松影入窓櫳枕席凝寒夏夜空靜坐方知淸意
足簷然光與性靈通

次杜屛迹二首

迢遞人間路崎嶇世上情博遊倚赤邃幽趣自能成

書籍經心古功名入身輕閑門長屛迹生計向來清

又

村落依林僻門庭逐人幽曉光含樹淨雨意入溪流
甕醸吟詩興風蹤靜坐愁杖藜何所適不出短墻頭

次杜垂白

六十年當老霜毛不解悲懽娛今幾日少壯昔何時
子姪俱成長親朋半已辭衰遲無所事唯和古人詩

次杜有感五首

華夏今何許腥塵十七年帝業雲烟夜皇圖羯虜天
風悲東海外路遠北關邊誰向遼西去揚鞭馬自騫

又

榆關悲歲月燕路滿豺狼貢獻綺羅盡乘槎羽蓋望
何曾聞盛禮無復覩衣裳南極天猶在雲陽似洛陽

又

悔恨隣逢匕傷心楚璽均氊裘諸夏土花柳冀州春
異俗移風怪胡王制法新何時歸玉重恢復旧君臣

又

日華韜瑞彩秋早禁林凋玉座休常御金宮且晏朝
齊讐悲久忍漢道惜還遷夙夜臣民痛三年寐鳳韶

又

天意誠難必人心摠自疑太平終可見請國尚何遅
貫洒傷時涙杜吟忠憤詞仔聞新聖主重爲撫瘡痍

村家即事

長霖奚夏日索莫野翁家露壓松枝鞞雲横山色斜
溪橋移旧渡田陌漲新沙意緒增多擾烟村酒未賖

次杜熱三首

五月炎蒸苦村家事却無汗沾衣自潤風息氣難蘇
濯面當山雨充腸拾野蔬誰從将出浴閑詠上風雩

又

暑雨侵窓湿炎風搏面来露腹蒼蠅集褰簾乳燕迴
北山生谷霧南嶽動天雷低垂氣欲盡終夕目難開

又

麥醸酸難近園蔬老不新裹骸病暍久滋味念珍頻
喘急休迎客衣披少對人不悲常有涙拭目用青巾

次杜咏嚴鄭公宅緑竹韻寄誼仲謝送筍

居宅君多羡環田碧玉墻森〻十丈色洒〻一軒涼
露葉含風拂新筍甲籜香琅玕幸有寄軟味喫来長

偶吟

山光青白雲舒卷溪響高低雨去来風欲静時烟欲
起興當来處酒當催懷難盡說詩難齊人不相尋门

不閑日〻閑〻還寂寞悠〻浔〻更諧愜
有閑雲蔽半天中日月明〻在太空玉府仙人居上
界不知塵世雨濛〻

暮吟

青山欲暮細雨沉衣湿巾沾在僻林心懶氣昏何所
瀉泠〻簷外聽松琴

小齋

風捲宿雲山半出溪残旧漲岸漸高借问東津深幾
許欲尋良友暫遊遨

寄沉子瞻

共賞溪山計已遅悵然相望却生悲関心國戚君垂
涕入夢離愁我皺眉澤畔空酬漁父問閑中幾阻野
翁期高臺此夜新秋月無限情懷寄一詩

又步前韻謝子瞻書問

十年多病又衰遅残薄生涯不觧悲有分溪山容晚
迹無情歳月已厖眉幸蒙書札垂申问更感栽洋遇
子期休道此中相識少高人許我和新詩

次子瞻韻

幾向仚區夢裡遊空令遠客意悠〻山泥望眼秋光
早風引歸蒐夕霧收離月有情閑石路沙鴎共侍淌

江洲倘能不負尋真約景物唯當太半留

七月既望夕子瞻又寄前韵二首即次以謝

嗟君晩景此棲遲世路崎嶇鉄自悲曾尹廣城思効力竟投荒野蹶摧眉猶聞 聖主恢新政肯宥忠良展舊期通塞古来皆有命但将憂乐寓歌詩

江濶天高月影遲蘇仙赤壁庭含悲一時青瑣恩沾骨千里黄州恨蹙眉長笛暗凄遊子意孤舟遠隔美人期新秋既望今宵感聊憶覊懐且賦詩

慰汝愚子瞻同寓一村

天荒村郭外孤二賢爲客共棲于山連屋後推無出市近門前酒並沽残夜角鼾驚一夢晩林秋色病同癯杖藜隨處猶閑放自喜昕朝對爾吾

寄謝子瞻汝愚以詩遺我

小堂秋夜月明時童子来傳錦繡詩寂見覊零孤客意空多慷慨丈夫辞悲懽自我何須說窮達由天不復疑猶幸吾儕談道義暮岭貧病好相持

送子瞻大夼

大夼秋摘露光寒端合烹羮野老餐典子還堪論此味分将一抱薦蔬盤

送紅柿汝愚子瞻

七佳高樹貢小菴珠實盈枝勝杜柟露浥紅腮濃欲
滴蜜銜丹殼嚥適甘傾筐並取青黃赤奉寄唯此六
十三箇、雖云情嗑物、其微薄意還慚

寄汝愚用前韻

溪畔村庄僦小菴碧梧還似草堂柟浣花幽趣千愁
散盤谷清泉一味甘把酒題詩篇滿百携朋對月影
成三老夫多病相尋懶悵望風摽我自慚

謝誼仲見訪用前韻

病起秋風瀾薇菴光吟時復倚高柟蓬心不自傾貧
賤世味何嘗辨苦甘人事聽來無黑白朋知見訪有
二三最是夫君同晩趣蔬盤野酌少相慚

汝愚見訪因贈以詩

夕日暉暉下碧巒翠松移影鎖門闌客来驚起看青
眼㸑熟欣然對一簞惱與談詩兼笑傲論懷叙舊悲
心肝殷勤意氣重相勉且欲長生學鍊丹

秋興用前韻

清霜昨夜染秋巒錦繡紅光爛欲闌新釀杜家香滿
斝早炊顔巷玉盛簞涼風洒洒吹毛髮灝氣冷冷澒
肺肝身惹逸興應絶俗願從仙契服靈丹

挽孫君晹歸葬凝川 蒼昌道

世间何事最堪傷朋友將埋永訣章欲瀉情懷先墮
淚更思交道便摧腸騷壇早許声名重蘭室相稱臭
味芳從善好賢人共説有才無命理還茫連枝二季
能和樂秀玉三兒可肯堂纘息忽沉辞病席精䰟已
断掩靈牀留巷大谷仍田舍歸奠凝川是故鄉衰朽
尚未躬弔问帳望泉路但彷徨

己亥九月十二日 忌辰書悲懷

每年九月之旬二罔極悲懷老益增遥上降 靈知佑
格床前拜跪若親承生平不孝天猶怨门祚零丁又
亦矜寂恨連枝先我折絃辰五内更摧崩

始立醫局謝朴敬伯 欽東

百草森森藥性全神農有術病能痊殷箒合劑諸方
妙民命含恩百壽延設局鳩材謀始定將圖鰲邑用
皆便倘非敬伯才能幹孰有辛勤首事贖

次李公幹詠畫鶴韻 名樑厦

數幅雲孫疊雪輕爲摹雙鶴出塵清竹光松影添瀟
洒明月秋風見爾情

次汝愚韻送别之京

京洛西歸客自愁路穿雲嶠更悠悠嬾鞭羸馬投槐
里别恨羈䰟過竹州吹訣乱風空盡日滿天飛雪已

窮秋知君去〻多蕭索遮莫淹留禁城頭
村酒三盃未敵愁臨分此日恨悠〻覊魂先盡湖西
道客意淒涼漢北州夢入山河千里月眼寒京洛一
年秋倘逢而訥須傳語别後相思已白頭
逢君懽作送君愁一會仍成一别悠遊于十旬淹嶺
表故園千里返秦州 喬山淚洒舒丹悃墳土懐悲
閲素秋落南妻子應関念歸路須催漢水頭

挽權元之 名壽

三十年来久要心每因忠告義逾深自期同老窮懽
樂豈意從今阻德音才不見酬人共惜壽終知命理
難諶三男俊秀承家道门祚應爲世所欽
守静心何累居閑道自存名声稱世濶文彩出師门
隱德隨吾輩遺光貴子孫秖今悲永訣無復问寒暄

次汝愚

從賓雖佳賓亦空立心要正〻非公紛〻世事多頭
緒擾〻人言未足同自是吾身無碍處柰知行路少
平通臘梅花下閑眠客直似羅浮趙嗣雄

咏盆中雪梅

雪滿窓前梅滿堂梅添皎色雪添香雪梅相映三更
夜更有梅梢雪月光

奉呈畸軒

九子誰如一女賢想君慈念屬移天青鸞耀彩停華盖紫鳳啣花倚錦筵醮禮成時原萬福衿帨結處戒三宣尤夫情曠還微薄河海猶深納細涓

拙吟慰子瞻在謫中喪女兒又失孫孩

世间憂樂固無常禍福循環為語詳韓氏女孥悲古驛蘇家幼子哭黄岡袁州刺史恩還沛翰苑清班寵又光莫道譽人磨腹釰 聖明應念舊忠良

題礦川寺萬歲樓

華岳山前萬歲樓危欄迴出碧雲頭登臨眼豁二千界朗咏神遊七十丘日照金壇花影暖烟銷玉塔月光浮暮鍾鳴後僧初定倦客閑隨一鶴留

贈人

騷壇獨步舊聞拜白首相逢始獻名樽酒清談蕭寺夜百年要結晩交情

更戲前韻贈汝愚丶丶以宣字難次故也

畸光東床玉潤賢门閑喜色動雲天推心半子為氷岳坦腹奇珍展繡筵黄餘仍師朱仲晦南容見許孔文宣鄉隣賀慶傳盃處樽八春溪酒滴涓

盃梅落

臘梅凋盡雪中春硯面書筐落素塵猶有殘香留几
席時〻彷彿舊精神

次汝愚詠歎殘梅韻

不向羅浮月裡行窓間坐對老梅兄曾因臘雪看瓊
艶幾及春風散玉英硯面殘香詩料盡床頭墮粉素
塵輕放翁無復來相訪獨立空令歲暮情

衰翁凍蟄小村廬身世還從物意踈窓裡老梅花欲
謝岸邊新柳眼將舒兒孫酌酒稱逢歲勝友多情寄
問書無限幽懷誰共說擁衾中夜病難除

已亥年終去還間庚子來渾忘身老但覺令辰回
覓句吟唇動呼觴醉客催憐翁爭賀歲愁緒鬢須栽

咏雪

庭樹枝頭雪作花曉風吹送入簷斜初疑殘臘亂梅
蘂更似餘春散杏葩寒透蘇衣身欲凍色侵衰鬢髮
生華人稱白玉山前路何處携錢覓酒茶

又次汝愚前韻仍贈子瞻

悲吟澤畔楚臣行千里辞家憶弟兄嶺外羈孤令賈
傳洛中名譽旧豪英處難君子身須重戀主忠賢義
豈輕為祝新年除萬厄慶惟偏慰故人情

已亥臘月三十日夕

依々西下日猶是舊年光恨未長繩繫遲留半夕陽

三十日夜

爲語今宵己亥年自知曾是我生年居然送盡堪惆
悵那更重逢六十年

次誼仲贈韻

樹影侵窓日欲西晝眠初覺眼花迷苦心冗務還莊
懶如意枯節强自携岸柳春風知我好竹林瓊韻和
堪題悠然出步孤吟處芳草溪邊聽錦鷄

次李子韶 桼 郭道大 泰元 韻

騷客風流昔有聞相逢白首始慇懃清芬脫俗知宜
敍縭句驚人協所云假世殊慵深愧我擅名才德訛
如君高堂對榻成良會論道談文到夜分
東華詩先播奇名風骨東從白玉京折筆硯摸傳石
室戰文鏖甲據金城仙舟奮彩爭推重泰嶽高標信
匪輕此日休言交契晩暮吟猶可托深情

次竹林見寄梧臺韵

任閑分得地西東共是吾人脫俗風一片梧臺棲光
鳳千竿竹塢卧時翁清軒靜榻幽居好金鐸銀鱗別
饌豊世上功名安足道百年都付浪遊中

奉呈子瞻求和

欲將民怨問蒼天每歲啼飢底罪愆憐見原田嘉穀
爛忍聞溝壑老羸塡 仁君惠澤還難究聖世昇平
柰不全上帝昭〻臨下土寧無保佑彼顚連

傷時又次前韻

斯丘蒼黃豈是天直緣人事自多愆南陲應接閑防
擾西路歸輸壑欲塡百計艱虞唯衣敗一時牵補少
完全通來方畧知何許深愧千秋魯仲連

詠新梅

瓊葩初發滿堂隅雪態氷魂映玉膚粉頰粧成嬌素
艶蚌胎洗出燦明珠羅浮醉夢驚斜月君復情吟入
梳鬚安得龍眠神畫手世间留與賞梅圖

除夕次孟浩然韻

青春昔日飽詩書不道衰年卧草廬宿計先從名利
斷浮生却與世情踈良朋細話愁何在永夜残燈歲
又除共向明朝添素髮莫令今夕酒樽虛

次東坡梅花韻十絶

残雪纔銷一氣和春心初返先梅多踈枝點綴氷霜
蘂造物深情正若何

東風吹動洒春臺元氣回時物化開最有梅花先得
意玉英新着古查皆

蕭條窮巷餒顔回斗屋寒窓久不開獨有盆梅長坐
對靜中時復暗香来

無錢何處買清樽花下終難一醉昏日午清窓吟咏
罷看梅空自動詩魂

枝頭點點綴瓊花最愛床前雪色斜也識乾坤春尚
早年華先得作詩家

雪色氷姿滿意開香風傳信早春催開中獨立無塵
態不許墻頭一蝶来

苔查特立沙盆上白雪花開碧玉枝作伴仙姿長充
卧詩能多病酒難醫

窓裡無風作雪飛偶黏衣袖拂寒枝香堆硯筆供詩
料正是幽人引興時

鉛花洗盡玉肥輕帶月貞姿照眼明不語不愁空寂
寞自無相管世人情

聞道西湖處士家千查園裡影横斜流傳百代高名
在知有風標共此花

謝彥陽女兒送酒教

玉壺来自鷲山陽驚喜開封酌滿觴臘味濃成春酒
綠樽波浮動欝金香入唇頓覺枯腸潤生暈方知醉
面光三品珍羞兼養老女兒爲孝襲阿郎

贈金引儀基薐

大賢遺裔爾英奇筮仕當年拜玉墀丹闕五雲瞻御
座紫衫雙袖引朝儀浹肌恩渥逾微分連世榮光遇
盛時京兆吏多深眷意頤須朝暮敬承之

次誼仲来韻

氷凝雪沍老梅叢一寸貞心見箇中造化先回春色
早芳姿不與野花同月移疎影低橫壁風引清香細
透櫳瓊韻八詩頻鄭重欲酬吟詠指書空

辛丑正月十五日夕見閭里拜祝新月

東天新月出閭里動歡聲圓影開明鏡清光照水晶
年豊先有兆時泰可外乎拜祝紛稽首黎元摠至誠

又

古俗拜新月今人亦自行仰方咸屬目未敢情中誠
玉輪纔出由桂影已揚明高下稱元吉天公若有情

有所見聞

行虧言悖立身難詆毀紛紜判兩端不自敬修知改
過強排公論又欺官
未世崎嶇行路難物情邪正幾多端外来人語當何
見須反吾身慎四官
修心養性顧何難自我胷中有四端正己治人要在

此相規不必問司官

看梅有懷卽成

一樹梅花一已吾梅非獨立已非孤有情無語長相
對自是幽人信不渝

次東坡梅花古風韻

一室小如斗四壁縞若練中有梅花叢枝頭着微霰
皎皎明玉珠姸姸開粉面床冷雪千層窓明月一斤
東風香不歇春雨露自泫孤吟對芳姿爭似吳姍倩

中夜卧吟

靜默閑心知一理沉潛省事摠千端自從多處還為

約不出胸中方寸間

心靜身還逸家貧事却無唯有蒼空月清光照玉壺

次芭山朴大來昌徵郭子彬弘章比隣有唱和之韻

效杜律

生並芭山君子鄉共將才德謾深藏顔巷自堪貧亦
樂杜陵寧厭酒多傷早歲蹉跎工業少暮岭磊落狂
名香從古豪英常不遇居窮守靜更何妨

次大來松湖亭韻

松湖處士好生涯一曲清江八景宜放迹逍遙林壑
靜滿襟蒲洒水雲思詩成妙絶追君復琴奏峨峨友

子期朓略人间名利計世傳風致未應衰

聞郭道大將欲移居此地仍次前韻贈之

聽子謀居山水鄉欲將身在靜中藏應知到處聲名在莫說移家道義傷柳市南頭晴日暖竹村東畔光梅香倘能此地同棲息晩景心期兩未妨

松湖亭八景合作四韻

旭日初升動水涯(石門新旭)遠山殘照夕還宜(鄉峯落照)烟生浦口溪村暗(浦閒炊烟)笛喚郊頭楚客思(長郊牧笛)十丈荷翻鳴雨響(前湖藕花)一帆舡載晩秋期(大江船帆)蒼雲影裡平沙澗(平沙列松)石棧行人脚力衰(棧道行人)

正月晦時始治農務

農務村村春自催烟生處處聚新灰原田可使播牟麥野陌從當剪草菜時雨既能三霡霂勤功不失九栽培穡夫爭道逢年喜秋至應將頌阜財

始看畊田

東風初解凍畊者遍郊原牛下飢烏集犂頭黑壤翻飯催炊黍米菜軟麥蕎根野饁隨時辦農家務始煩

臥吟三首

終日陰陰細雨天怕寒虛室臥頹然靜心含默無思慮數點殘梅落枕邊

牕外初聞春鳥鳴政知䟴雨夕仍晴呼童催使携筐
筥走向荒田採地蓍 地蓍野菜名
卧聽舂聲薄暮归先妻何處乞春粮丈夫愧無資身
策蔌粟終難稼墨庄

寄畸翁

雨後春山錦繡紅一年佳節感衰翁酒家何處芳醪
熟良友無緣勝會同獨坐梅軒消永日閑臨松塢濯
洽風亦知畸老添愁病啼鳥拜多旅寓中

慰沈子瞻蒙宥

白日垂光照覆盆 赦書初下楚江濆北望稽首飄
霜髮西指歸程拭淚痕瘴癘餘生猶抱病忠貞舊膽
已醒魂政應 宣室叨前席奏盡南州萬姓冤

辛丑四月五日 賜額紫溪書院有詠

千載斯文屬我東羣賢輩出想興豊宏儒博學經綸
業大道相傳性理工敢有英奇三傑跡欽崇行義一
家風 聖朝褒賜新祠額百代榮光耀閟宮

伏次 祐徵

文在當年道已東三贒相繼邁元豊著時經學
探宗旨懸日文章盡妙工世業方多興國俗家
聲猶復振鄉風如今 聖主加崇典 恩額輝

煌下紫宮
謝主俾耀祖種
天意如何困萬民二年飢饉備艱辛春来服食唯丈
藥時及耕田久穀人邑宰施仁先稼穡官倉賑貸助
窮貧惠盈三斛今猶足稱謝還難盡情陳
代製月課次東坡上元侍飲七言絶句
上春和氣耀龍章近侍初聞玉座香波動衢尊開聖
酒醉陪仙仗覲東皇
清和
天氣清和四月初百花飄盡柳陰舒單裌著来蘇百
慈倚欄終日看耰鋤
即景六言
紅桃落滿地錦緑葉開千對雲携筇出歩晴沙春夏
交佳景多
滿地錦紅不掃緑雲樹迷村閭紅殘緑迷如此聊樂
良辰有餘
挽羅聖遇 名以賢
多阻音容充病年故情今又隔重泉道交那得逢場
喜蘭室誰存友德賢最惜高才時不遇只言儒雅去
相傳可憐精魄空長掩四尺新墳洛水邊

高沙洞 在郡南華嶽山中有禱雨壇

南嶽嶒崚鎭一州神明自有作民麻高沙洞裏靈壇
古禱祀從來萬億秋

辛丑四月二十四主倅李公將祈雨于高沙洞
余輩致齋同叅行事齋宿一日下雨仍以一律
奉賀主倅

至誠能感旱乾天一雨先行禱祀前杜母稱歡心欲
醉農人抃舞袖相牵嘉禾可占千倉富賀頌方知萬
口傳永賴神麻將飽煖歸耕吾畝飲吾泉

行祈雨祭翌日大雨遂有喜雨詩

阿香行雨注翻盆喜見黃流溢澤潰百里民歌豊歲
樂揔言神惠與侯恩

次李進士澗遠 龢 老兄寄韻

老年時節易遷逍共負春山勝裡遊却憶芝峯簪合
日不堪蘭室別離愁復踞忽報相思苦道義逾知晩
契優東望暮雲腸斷處一鶯啼在碧林頭

又用一律敍圖後會

我愛雲门山水奇小亭閑僻好棲遅山多玉髓能延
壽水銀鮮不自飢只恨無人同此樂仍思作伴與誰
宜知君久抱清遊趣願評秋風一會期有

晝眠二首

懶心還引晝眠來林雨聲中眠未闌夢裡周公今不
見衰年志氣已摧頹

無食無衣事却無休心休語氣常休別有相從唯睡
魔忘形終日閉雙眸

睡起

睡起閑窓日已西林鶯喚盡暮鴉棲自將永日眠中
過光後生涯太半虛

雨晴二首

洗出青山色新添野草光淸風吹欲盡和氣此時長

又

雨歇雲猶濕風多麥欲秋蒼茫分野色淸興自悠〻

次誼仲韻 未詩有數俗之語

嫫母治容媚粉粧共隨西子倚華堂傍人莫自論妍
醜從古明言反受殃

送洸上舍若泝眈病歸鄉 而鄉字詠

病裡歸心切臨行氣欲蘇異鄉千里客漂泊五年癯
揔爲親憂患亢非子命途神明須保護他日騁通衢

戲贈誼仲

衰年志氣異方年言行須師古聖賢善諸休侵先輩

德優容莫摘後人懲世雖好黨吾何與事必能權道
可全白首持身冝敬愼本然良性不違天

聞暗行 御史過去次唐詩韵

口啣丹詔下宸宮廉問諸州政理功身作猛虎時隱
見行如匹夫路西東長官賊否視聽處吏卒觀望起
俱中村落兒童都不識指言遊客御青驄

謾興次杜律六首

草屋蕭條隱碧林桑麻經雨自森森烟生巷口柴门
暗雲宿山腰草逕陰十里州城聽暮角千重田畝見
秋心呼兒催却炊新飯黃麥朝舂夕入砧

坐來西日樹陰斜鶯覺流光變物華春盡空林繁杏
葉草長深院沒梅槎小堂閑寐愁啼鳥遠野蒼茫聽
夕笳薄暮孤吟長抱膝碧山望處眼生花

清風洒洒日暉暉無事村庄光迹微郭外牛羊依樹
卧簷前燕雀近人飛平生點數悲歡少老氣蹉跎世
務違短褐安身知素分盈盤不厭蕨芽肥

終朝與客罷圍碁談及衰殘却自悲昔日青春今白
髮當時歡樂舊平時已知行世英名盡誰道浮生泰
運遲莫向人間窮理乱休休只是我心思

屋下清溪屋後山此身来往水雲间食鮮海菜人無

競肥馬輕裘我不㴑有分烟霞閑任著受盟鷗鷺慣
心顔百年渾得幽棲趣千古桐江意一班

十年書劒未成功還付勤勞悔恨中托契樵夫與釣
叟放情秋月又春風閑中朗咏詩䁔碧酒裡狂歌醉
面紅自是任性無撿束傍人莫笑此衰翁

勸農奴

朝炊新麥饋農奴又酌醍醐勸一盃歸插早秧須著
力老夫生理在此途

望見揷秧聽號辞

我年衰後廢監農纔出墻頭倚短笻望見西疇羅赤
脚声〻相答自從容

食蕈

兒婦拾得菓下蕈盈盤來薦勸余嘗味甘非獨咽喉
潤為是全功御濕瘦

曉聽鷄兒始唱

鷄父棲蒔待曉鳴羣雛始欲學長辞引頸雖諠猶爭
技秋到應知嚮音太清

賞兒馬

駿駒纔二齒骨格異凡雛價擬千金少蹄應萬里無
孫陽知苦瘦造父欲長驅何處通衢在將期濶步趨

磨刀咏

腰間一寸鐵常作先人牙對柔剛宜斫臨書誤可爬
斂鋒含月䰰磨刃吐霜花未試屠龍技誰知小鏌鋣

聽砧拜

砧拜久断大無年萬姓啼呼幾怨天今夕始聞舂杵
急麥秋繞穫一頃田

愛庭松

憶在中年架屋初稚松移植小庭除秖今二十春秋
過喜見高姿出碧虛

偶見草本有小樹花名曰西施花云

灼灼奇花荒草中芳姿曾在越王宮精䰟不共鴟夷
歿留得人間一樹紅

鵲噪

喜鵲來鳴庭樹枝嘗聞客到爾先知老病元無覩已
友誰人肯有遠尋期

語末子操弓潛與弓伴相從

才無可棄在成功文武雖殊志則同孤矢方年當自
勉恩花須揷滿頭紅

長子治經仍又勉之用前韵

九仞山頭一簣功須將心力渴飢同他日秉龍膺渼

上廣寒宮裡桂花紅
老父殷勤問事切二男才氣各無同倘令龍虎俱騰
躍佇見門前兩朶紅
愧我耕文未食切自將身世草萊同晩年纔見雙枝
秀知有天葩爛熳紅
文切已盡反農切耕叟傭夫作務同夕粥朝飧猶不
繼却從妻子愧顔紅
人間萬事少全切志願何能與衆同此生休自勞心
力只喜衰顔借酒紅
適有所感又用前韻

記得偏區百世切一時經理二賢同莫將輕重循私
意説向儒先辨白紅 右言鄕中事
月夜獨坐
碧空明月一輪孤静夜無風庭畔梧端坐竹床長對
越不知誰復有如吾
晏起
雉房煖席起常遲朝日三竿映屋時懶惰無心思食
飲厨兒來問晩應飢
梧溪何事我歸遲政是魚肥菜軟時獨卧清軒長懶
惰自同江晩白鴟飢

鄰有少伴来邀觀魚

六七冠童来我言清波江上大魚龥扶節步出南坡
外須看羣雄競打鯤
喜我春眠適已成況今江路日初晴逶迤行至漁村
畔坐占青莎綠柳汀
大綱横截碧波頭勢若千兵壯蹦躁河伯振驚風蕩
漾群魚逃匿笑人謀
好事由来多戲魔衰年食指動還差少朋含笑滑相
語更待明朝攫似麻

偶吟次杜詩韻爲多風作

萬里風吹日日清動林還作雨来声寒凝小洞炎雲
散烟掃孤村返照明野寺殘僧重衲卧山村遊客待
曦征高堂不用平頭扇復有蒼松爽籟生

夜月次杜詩

露洗瑶空月影清寒光直射鳥棲驚酒壚何處纖歌
唱杜宇千般苦恨鳴風靜小堂松滴露夜深空院客
舍情撚斷吟髭獨不寢依依輪欠掛西城

嘆五月風寒

借問陰陽誰燮理寒溫失序比時多冷風吹瘷生民
骨其奈衰翁弊裘何

次唐權德輿田家即事

幾年無事在田園久斷名場夢裡魂野穀青黃成樂業菜花紅白近幽軒長瞻峻壑知神氣慣聽流波覺道源多病半生忘俗慮窮廬日日閉蓬門

挽唐詩寄韻仲

雨晴高閣竹陰清獨坐書窓無客情芳草閑門無馬迹古槐深巷有鶯聲夕陽雲盡青山出遠岸煙消白水平入夜南原賞佳景月高風靜草吟生

倚欄愁立獨徘徊欲賦慚非宋玉才簷外山光森劍戟檻前波色動樓臺鳥啼枝上斜陽盡人過橋邊倒影來添得客中多少興柳花飄蕩似殘梅

辛丑五月二十三夜夢拜 慈親有感

夢裡分明見先親殷勤慈念眷兒身渾如疾病雅憂日尚匪恩情反哺辰驚起枕邊悲淚濕想來心上感嘆頻顧言夜夜精神會因極衷懷更鼓陳

慈顏已隔十年春相接幽明未有因悔在平生誠孝少難從此日感懷伸杯棬不忍臨飧夕枕席猶陪入夢辰罷大孫兒宜死滅九原何處見吾親

地主次逍遙堂古韻余亦奉次

地作高人一範園閑居昔日謝雲扉從來百世尋陳

跡以帶山邊反照歸
列峀参差勢拱圍宿雲幽樹護岩扉二賢仁智生平
樂後世高名豈異歸
臺上松杉老十圍昔年培植僅齊扉清陰已古苔生
碧唯有啼鶯春自歸
仙境塵寰自異區廟堂何似比江樓東華早謝功名
路南郭終成隱士遊陳迹依俙林壑在風光冷落夕
陽收客来須向沙鷗問山月溪雲是古丘
二賢同占一名區山有高堂渚有樓茹菜食薢相樂
趣春風秋月共清遊誰知德義胸中蘊謾使經綸袖
裡收百世英豪風致遠烟霞空鎖舊丹丘

謾成

終日無心卧小堂煩冗俗事摠相忘數聲唯有林中
鳥啼動思人一寸膓
五月炎蒸裡弊衷氣疲心懶坐垂頭蒼蠅亦有侵陵
患寧說咬人俗子流

黄昏有感作

日沉西嶺漸黄昏村暗烟深人不喧風外數声闻夜
遂鶴鴒長感死別魂
灌園中西介

愽望遺種只數叢園中纔欠雨天功老夫抱筧勤朝

溉薦廟將期百顆融

打麥

禦倭聲動軍容壯漰陣黃雲趂戰揚刀斗收功知幾

許千鍾年麥積斯倉

看少年着碁

無事少年惜日長着碁爭局噪高堂笑看豪氣雋英

畧勝負還成一戰場

始知羣少揔英奇可使爲文亦武姿盧技爭雄何有

益平行書字目須知

晝眠

意懶身疲晝有眠卧床晴日夢登仙無何鄉裡浮遊

晝覺後魂猶睨俗緣

偶吟

四顧全無我所親衰時獨立可傷神一身雖自知循

俗百里何曾厭負薪直道不容堪衆斥危言多忤圓

相嗔生平只有同心友窓外寒梅任性眞

紫溪書院祠宇重創上樑六偉并序 在戊子年

設院立廟規模一出於斯文華薦創新經營百倍

於前武烝甞千載俎豆三賢窃惟我鄉倆先実是

吾道準的蓋其青氈望族紫纓仍孫承訓庭闈紉
有天性之至孝盡職溫凊長知子道之在誠師曾
氏之事親必有酒肉學黔婁之侍疾乃吮癰疽慟
六載於墓廬能馴猛獸哀二旅於朞服可敦薄夫
勗一心於大倫成百行於小學肆不世之君子儒
無競之仁人褒孝門而賜施有儀矜式私謚號而
尊德斯存景行惟賢宜錫類於家庭乃孫爰踵武
於祖業是惟文章山斗詩禮裘箕早揚聲於文詞
大存心於經術珊中節義不讓東魯之風發外英
華尚多南宋之彩長途萬里展驥足而登庸卓冠
一時點鯉頭而踔躍危言潑世奮直道而不回逸
氣驚人排異論而莫適益精造詣追軌躅於羣儒
必慎行藏覘嶮巇於衰季臨滄浪而自號履平坦
而孤居直筆召災天不弔於斯道良玉埋土人所
悲於是邦日星爭光文獨留於岳瀆山海共大名
又顯於儒林鍾間氣於一家生令姪於並世其亦
才優王佐學專經綸志氣英豪既卓絕乎流俗識
量宏遠蓋深造乎通賢登名薦科齒列孝廉之目
施仁縣宰首慰鰥寡之心弘濟且難寧當自濟乎
已好善何用唯能獨善其身即山即溪姑托興於

漁獵于朝于野奚變操於外沉三足名堂老雲水
之一曲二首佳句飽景物之千般外雖高蹈而深
藏內實長吁而窮歎命矣夫子抱大才而誰知生
乎不辰俾小民而無祿祖孫相繼家傳忠孝之辟
叔姪連仍世承義理之緒鄉邦自是而著勝文獻
在茲而明徵嗚呼事去人亡名留世遠追惟在昔
興感無窮桑梓遺墟揖餘風而竪髮松楸古墓披
宿草而沾襟典刑可以長存廟享宜其永奠疇昔
逍遙之迹尚留紫溪之涯伊今瞻敬之儀既微白
鹿之洞曾經兵燹僅修堂宇而重安久閱星霜頹
殘甍桷而將毁況舊制之狹隘宜更構而宏闢
尾倘材稱物從而俱美巨礎隆棟任匠斤而董成
及時謀為儒宗之揣摩盡善不日功訖任司者幹
盖皆勤歸然若湖里之巍巍煥乎如洞宮之赫赫
堂遂秩秩庶安陟降之靈衿佩齊齊允合進退之
節廢興有數肯無重修之功敬怠在人敢盡尊
賢之盛禮為歌短頌助擧脩樑
兒郎偉抛樑東旭日初升宇宙通萬化冲融敷暢
處便看誠意一元中
女娘偉抛樑南源川流作一澄潭風來柳際無炎

夏郎子冲襟始可諳

兒郎偉ㄟ抛樑西碧松寒影入庭除秋霜氣節森ㄟ

見百代風聲更起余

女娘偉ㄟ抛樑北玉宇清霄瞻紫極風色滿空寒肅

ㄟ乾坤始闢玄冥域

兒郎偉ㄟ抛樑上蒼ㄟ萬古堯天廣生民鼓舞自熙

ㄟ仁覆只今咸可仰

女娘偉ㄟ抛樑下堂邃肅ㄟ神明舍春秋衿佩藹藹

杳重爲斯文長受嘏

恭祝上樑之後天地冲和日月宣朗人服禮義昭

尚德成德之光道躋文明法前賢後賢之則以

揭虔乎典祀其將保衛乎廟貌勗哉是心盛矣今

日聖神嗣服方恢右文之治後又秩興各修明

理之學

梧臺闢辟堂開基告神詞 在丁亥年

雲水之涯雲山之麓水秀山明千岑萬曲玆有名區

曰惟梧谷白石長洲蒼松邃壑矗石爲臺崇崖作壁

異境留墟仙人古迹象外烟霞閑中物色地秘天慳

歷世幾百以與吾人於焉始卜將以經營數椽茅屋

神佑所及人謀允迪喜動林溪光增列岳鷗鷺受盟

魚蝦供樂余實散人半世落托利達無心塵寰奚適
性又踈放雅好閑僻生涯何處假我安宅於樂玆區
我所爰直翔伊二樂由仁智渴躬執樵漁討活泉石
任是浮生優游偃息百年于玆神其無斁

梧臺鳳棲亭上樑六偉并序 在戊子年

溪山有待風月無私我作我家天成天與人謀鬼
諏咸歸助順之心日吉辰良允合經營之智國伊
西之東畔樓嶺南之北隣佳麗相售名勝夙著鼇
山昂首而雄顧勢入層霄馬崖振鬣而高驤形連
峻壑披深林而通小逕斷崇阿而闢新基轉白石
而等臺倚蒼巖而定礎瑰村玉尾工既侈於造成
月户雲窓規可適於閑闊數椽容膝雖非大廈高
堂一榻安身自是冥棲嘉遯小壇危砌迴出彩霞
之邊虛檻踈欞俯臨清江之渚烟雲放迹瀟洒一
境之閑鷗鷺忘機優游百年之樂菜山鈞水喜朝
夕之無飢友竹隣松期歲暮之長保富貴非吾願
向人奚求貧賤實天爲顧我所直歸來物表白髮
蒼顏一老翁謝去塵緣青山綠水萬古意豈羨輞
川之別業自擬桃源之勝區暮宿朝興可無安居
之室狐吟獨樂還多閑適之心于以等之惟其義

矣浣花溪上想子美之林塘武夷山中聞晦翁之
泉石吾將無已樂且不窮六偉斯歌雙虹以擧
兒郎偉〻抛梁東鴈嶺參差亘碧空翠霧晴嵐朝暮
色别區名勝此山中
女娘偉〻抛梁南白玉芙蓉出碧潭一片漁舟輕泛
〻無邊勝賞兩眸貪
兒郎偉〻抛梁西蓮峯千丈與天齊波心倒影沉著
翠長占山光在水低
女娘偉〻抛梁北萬疊鼇山高巃〻長松翠影壓樓
臺頓覺棲雲一地特
兒郎偉〻抛梁上森〻列宿垂天象玉京仙府不相
遥麻欲飛升遊浩蕩
女娘偉〻抛梁下八窓明月閑清夜瑶琴寶瑟杳樽
罍光客孫棲塵事寡
惟願上梁之後閑中日月靜裡乾坤時物爭姸風
光益淨巖雲谷霧杜塵蹤於幽蹊水神山靈護仙
扉於深壑忘憂身世不先生涯樽挹芳醪醉鄉連
於真境案披錦牘詩語成於閑情一葉漁舟長隨遠
鷗於波腹三更倚榻自同騎鶴於松頭舍此何歸
作我菟裘烟月所具爰宜保我庄社林泉千載長

存萬古如眎美乎哉樂乎哉奚恙夫此懽娛遊於
斯老於斯不知其所終極

辨仙道四十句

神仙有聞不可見古人已說誠荒唐盡中天地浪語
傳不老靈丹誰自嘗吾人有道守正理二儀三光仍
可詳上馬乾元覆萬有下以坤厚正八方日月星辰
亘循環中有生靈備陰陽三綱五常何鄭重一本萬
殊亦丁當羣聖相傳承絲大道井井無疆至人行
履無歧路心德可以求經常唯恐外物紛蔽交能為
蟊賊良心臟泊然喪精又亡身顧瞻人事堪悲傷格
致誠正與修齊自有工程何敢忘精神靜一百念消
性情純全萬欲防閑居安宅真壽域身中歲月頻延
長優游處世自久視淡泊生涯免夭殤以是曾謂地
上仙節食服藥誠多誑喬松何必物外求驂鸞駕鶴
徒蒼茫晦翁參同遺秘訣九轉龍虎神餌良細看非
是化人術別為心學多張皇幾人遺珠但買櫝金竈
玉鼎勞三霜羽化蟬蛻終何得委骨空令墳草荒留
侯辟穀信明哲洞賓驂霞非玉膓漢武求仙覺妖妄
方士神人還適徹倘有長生不死術世上何曾悲喪
亡伊我別有一見得早向溪山閑辦庄幽棲十有八年

來一身行迹還無忙漁樵生計分内饒青山綠水空
徜徉絶意榮華名利間放情覓閑烟霧旁遲依將有
百年期自有仙緣隨石堂儒家心得良若茲滅盡六
欲徒非憾寒衣飢食有所宜豈必霞裳與瓊漿冲虛
飛步總虛幻芒鞋瘦馬行吾鄉有生有死理所定烏
得幸免流年光百歲亦足爲上壽黃髮何須羨青楊
聞有數子誤傾心措誣直欲偷[illegible]排却甘眠苦瞪
日辟去膏粱飢到狂强辭眠食謂可仙悵望華蓋長
彷徨瞞人欺世孰如斯半生妖怪終難眆克已復禮
養性命不然而生多不祥學問須師鍊丹法吾道工
成唯日望爲賢爲聖勝爲仙請念我語非虛張

逢詩僧呼韻

青山欲暮谷生烟松雨聲中客懶眠逢着閑僧留一
錫還同作伴鶴千年
山雨溪風爽滿堂塵襟洒落納清光俗累塵心都滌
盡更携仙客好徜徉

梧臺觀漲呼韻

江漲奔騰感遠空波聲豪壯動雷風朝看斷岸流霞
白夕蕩長洲返照紅滄海遙分三島外洞庭移入一
望中憑高快眼天津濶頗借靈槎萬里通

梧臺漁父歌九曲 此下百在下卷之末

一曲勝溪山의生涯를브려두고漁樵을일을삼아
百年을보내리라어즈위武夷九曲이예도긴가ᄒ
노라

二曲釣漁舟를碧波의띄워가쟈아희야놀저어라
石齒예걸릴셰라뎌우희綠苔磯頭의白鷗ᄒ디가리
라

三曲一竿竹을夕陽의빗기들고清江을구어보니
白魚도하고할샤이마ᄋ世上人間의제뉘다ᄒ알
리오

四曲貫柳魚를비예담아돌라오니白沙汀洲의樵
聲이섯긔엿다아희야酒一盃브어라漁父詞를브
로리라

五曲任所如ᄒ니清灘의흘리ᄠ가프래목도라드
러碧潭의머믈거다아희야놀저어내여라石屛下
의가쟈

六曲如遺世ᄒ니身心도閑適ᄒ야魚鰕를버ᄃ삼
고水石을지블삼아눈기ᄅ다니즌후의놀고노쟈
ᄒ노라

七曲芙蓉石이波中의濯出ᄒ니太華峯玉井의十

丈花릐엿ᄂᆞᆫ듯此間의太乙眞人이蓮葉舟ᄅᆞᆯ타인
ᄂᆞᆫ듯
八曲潨回沿ᄒᆞ니江光이無際ᄒᆞᆫ듸淸風徐來ᄒᆞ니
水波不興ᄒᆞ엿도다이비ᄅᆞᆯ中洲에머므러風景보
기죠쾌라
九曲沂流光ᄒᆞ여溪亭에도라가쟈滿江ᄒᆞᆫ風月을
이비에시러시니가다가ᄃᆞ근듯머므러다시놀고
그티쟈

漁父詞五章

漁父、、들하네내오내네오라네머지내어니내
너ᄅᆞᆯ모ᄅᆞᆯ소냐此中의閑暇ᄒᆞᆫ生涯ᄂᆞᆫ너와나ᄲᅮᆫ잇
도다
白鷗、、들하내네오네내로다내버지네여네게
나ᄅᆞᆯ모ᄅᆞᆯ소냐此中의閑暇ᄒᆞᆫ溪山의나와너와ᄲᅮᆫ
리라
靑山은언제나며綠水ᄂᆞᆫ언제낫고前萬古後萬古
져나히선매선고내몸도此中에놀아ᄅᆞᆯ줄주리업
세라
功名도내몰래라富貴도내몰래라虛浪ᄒᆞᆫ人生이
世事도내몰래라아마도이江山아니면내몸둘듸

업세라

前溪예고기낫고後山의菜을지여잇거나업거나쿨머시나머거시나此生의근심이업ᄉᆞ니그를즐겨ᄒᆞ노라

漁父別曲前三章

아이고애돌올샤아이고열올셰고罔極ᄒᆞᆫ天地예내혼자사라이셔녜잇던魚釆를보니내안둘디업세라

처엄의못싱각ᄒᆞ여詩書을일삼도다中间의妄㥘되여名利를ᄇᆞ라도다物外예風月江山이내분이가ᄒᆞ노라

이런들뉘올타ᄒᆞ며져런들뉘외다ᄒᆞ료올거나외거나나도내일모ᄅᆞ노라世上이是非를마라漁父ㅣ므슴그ᄅᆞ리

漁父別曲後三章

經綸을내아더냐濟世ᄒᆞ리업슬러냐太平時世노언에나머런노고匹夫의爲國忠心을내여뵐디업세라

내나히만커니ᄯᅩ나머리도세거니ᄯᅩ나少年時브솜은ᄎᆞᆯ싱아녀늘컨노라日〻에兒戲를ᄒᆞ니웃노

즐을모른다
蒼山은놉고〻〻流水ᄂᆞᆫ길고〻〻山高水長ᄒᆞ니
긔아니죠흔소냐山水間一閑人되여허믈업시사
노라

、梧臺漁父歌自序

余在梧臺常登漁艇浮游乎碧波之上出沒乎烟霞之渚扣枻興歌爲樂如何於是取陶山漁父詞而歌之亦足以見先賢之得意於山水而樂其眞樂也然而匪其人而歌其詞無或僭越乎愚賤乎又以山水之美雖同而詠歌之志有異者寡焉其措語之間有道學之大閑是也直以山水之樂而言之有不可企及況誦其言而不知其意者乎然則余之歌陶山曲者非特自愧於心將以獲罪於有識者誠亦可懼也已自是戒於口而絕其響默然乎搖櫓之夕臺欝乎興來之際遂不獲已則師其體而倣其曲乃自製九曲五章而其前後三章並六章則省其六曲之合爲十二者而各取其半也用以俚語之易知諧於短歌之律聲使其歌者聽者雖在漁翁樵夫婢僕童稚皆可得以曉解而貴者之聞此縱有啞笑余當不以爲嫌也噫余嘗家貧無以爲養老之計遂置漁庄於梧谷之間

躬漁以歸爲供滋味者殆五六載而箇中山水之樂不
余以遠則因又往來之不惰爲其所謂漁舟者不過
比腹之木槽而受兩童之排綱於深潭而已然有時
取而載之便有浩浩乎如憑虛之氣像扣舷而歌之
逸興㝡尚矣足以爲徒樂哉銀鮮玉尺歸悅親心
園蔬野蔌可代以珍羞將期以百年之樂于吾情矣
乃今不孝降禍風樹盧感向來川鮮山色揔入悽愴
之地余安更樂此樂而歌是歌乎然而歌而舒其哀
古人所説而是亦悲心所發則其哭也歌者不幸而
有之耳夫豈曰樂且歌者耶只足以長吾言而言吾
志也已嗟嗟余已老矣其幾何樂吾樂而歌吾歌乎
唯可以擺脫塵累冥栖雲壑采山釣水以終餘年庶
如有聽是歌而知吾意者不徒曰漁父事也云爾丙
中夏五月中旬梧臺散人誌

藏拙窩記 (閑僻堂三架東架曰藏拙窩中架曰晴雲舍西架曰閑僻堂)

惟余志拙言拙學拙行拙拙拙吾病也抱病行世奚得
爲遂藏于此以名吾窩乃歌曰
窩는 내 집이오 拙은 내 벗이라 내 집의 누어 내 벗
으로 늘거 시니 世上의 無病한 君子으로 부를 줄을
리 업서라

次慈仁倅南宮氏題雲门洞村壁詩因要梧溪之賞 名鉦丙午九月作

雲壑題詩記勝遊好傳名迹可千秋梧溪亦有真仙境須吏歸尋泛渚鷗

慈倅遊賞孔岩印以一絶見寄因次其韻

聞君已作孔岩遊領略雲山滿壑秋亦有前賢幽契處曲川全下一沙鷗

雲山曾是我所遊花發春風葉紅秋藜杖遺還共誰伴閑飛閑任白雪鷗

曾有梧溪來訪之約而倅有故不果

梧溪真境欠仙遊虛負風光屬晩秋莫用塵緣縻我興好因休暇訪閑鷗

又集古句為一絶簡于慈倅

徐福應無物外遊韋莊蒼苔滿徑竹齋秋劉滄從來共維歸仙侶姚合回首更嘶江上鷗趙嘏

送尹太守正甫歸覲 乙巳春到任丙午秋卒官相識今四十二年也

來時皂蓋去丹旐鄉國魂歸千里程死別那堪悲白首空懷四十二年情

閒誼仲下第南歸 丙午秋別試

老後功名計已差懶鞭羸馬若還家世人誰識經綸

手更占田園學種瓜
溪頭笑罷白鷗盟擬作丹墀彩鳳鳴天闕九重還遠
陽竹林歸卧德秋拜
秋深嶺路葉初紅容意凄凉帶夕風男子前程那更
識飛騰他日遠長空

次慈倅詠孔岩司諫亭兩小絶 丙午九月初十日
昔賢樓比山遺墟空草樹想君把酒時獨自懷前古
又
雨洗山逾淨霞晴溪自流高吟詩興動滿意菊花秋
右
亭號稱司諫風拜聞老樹雲溪留勝迹游子同今古
右
尋真丹洞裡太守最風流為我傳瓊句遥分錦繡秋

丙午九月十一日之明日乃 先考忌辰也忽
有悲感之懷即成小絶
行年六十八光盡忘恩情尚有傳家法兒孫奉祭誠
翌日昧爽行事後書懷
拜跪身無力悲哀哭不長今晨如在地薦灌但攉腸
誼仲見和前韻又步寄呈
君子行身老莫差安閑德地自為家分外榮名多嫁

禍徒懸不媿似匏瓜
防意城中舊盟季特寧復不平鳴笑他行子空來
徃閻閭無緣吽一拜
強欲裹顔借酒紅黃花釀熟對秋風此身雖老還無
事醉卧松陰月滿空

偶吟秋興寄誼仲 丙午菊秋

金風吹動萬林秋雨斷天高霜氣浮野外帘田秔稻
熟谷中村落果蔬收滿庭黃菊催新釀入骨蒼山戀
舊遊頗典時翁携杖出濯纓臺上幻夷猶

賞菊偶吟 丙午九月

東籬秋晩菊推黃白酒憑誰酌滿觴唯有一端清興
在眼吟終日卧秋堂

閬康上舍錄詩名久尚無傾盖之幸適荷留一
律於竹翁以示余且有梧溪春遊之約感而即
次其韻 丙午作

騷壇老伯昔聞君𦈢句瓊章用意勤知有後才兼地
望恨無良會動天文詩留竹社傳遺響語向梧溪許
播薰物外遊節如可待松閑石路掃春雲

居家雜興次誼仲 丁未四月

偃息蕭然一草椽菜花經雨遶簷前朝炊糲飯充虛

腹畫倚蓬牀著懶眠孝子披衣搔癢背驕〻孫憂腠問
行年過来人世今何許七十還驚歲月遷

在溪亭用前韻寄澁仲

溪上孤亭只數椽清波白石小窓前柳陰濃碧新鶯
囀竹影生凉老鶴眠寶月澄心能養性仙蔬入饌可
延年莫誇野屋松棚好争似藤蘿蔭石迓 澁仲作松棚故云

謾興

終日無心天小舟悠〻閒傍白鷗洲細波纔動微風
起落景初沉暮靄浮沙頭客散荳觴盡石面題詩筆
硯收歸櫓却尋芦渚泊竹梢新月半如鉤

丙午四月 大駕幸温陽 浴四十餘日仍作
温泉宮今年四月 再幸浴三十日云

聞道温泉宮殿新鑾輿再幸屬良辰日月增光紆洒
濯乾坤淑氣自氤氲一邦懽抃呼千歲八路奔忙獻
百珍想望龍馭淹留處五色祥雲扈聖神

暮色

夕日下西山千林生暝色江烟暮欲沉鴻鷺還無白

偶題

草徑行無跡松陰坐不席清風洒我心嘯咏知閑適

次韻郭天放幽居 丁未閏四月

晩耽幽趣卜居深瀟洒園林映竹陰晝靜晴。唯鳥語
夜凉風榻聽松琴溪聲逸枕淸龝耳月色當軒爽滿
襟兮內生涯猶自足棲遲剩得百年心窓

暮春訪二友堂次諸公韻

老年愁病若相因門絶賓朋席滿塵偶出隣庄花影
晩好優幽榻月華新世情休道風波動野興堪酬酒
笋頻此後遊從須更續蒼山白屋我家貧

丁未閏四月余與李院長逭伸寓書院仲有詩

余次其韻

門柳垂枝掃砌塵便添瀟灑待高人君爲學舍斯文
長我作皐皮講道賓經史百家探奧旨儒賢千載會
精神從容更得無邊趣風靜梧桐月一輪

月夜得秋字時雖家餘數月

高堂首夏爽如秋玉宇銀蟾皓色流孤客不眠歸思
切還同杜子憶秦州

余少時手植垂楊于院門外

曾年手植柳三株紫院門前綠影敷無限光風來入
座朗吟終日撚霜鬚

留院十餘日 朴敬伯且至稽數夕仍各分散次
別詩時林雨未收柳鶯且啼

竹多離思柳含情惹雨爭邀送別程黃鸎莫更啼愁

甚客意悽然恨益生

別後思諸友次誼仲韻

豐齋旬日會昂坐極淸懽美酒酬金屈佳殽薦玉盤

興從同醉發情入和詩看別後相思意悠悠說更難

聞誼仲詠得云字贈敬伯余亦追次其韻以叙

別懷寄兩君

滿腔離思動春雲怊悵憑欄到夜分獨對松精一片

月莫悉空兩淸芬蘭携尊後會將安在如渴中心有

所云寄語友堂傳竹叟更須懷我子無群

敬伯來訪更步前韻以謝

感君扶病一披雲訪我閑居情十分對榻談詩多雜

想閑襟叙舊總奇芬從前別恨還相忘此夕逢懽但

可云準擬淸軒吾更至政如韓子遇崔群

丁未夏朴始漢爲安東營將余次諸君別詩

聞道將軍啓戎程腰間大劍彈指鳴花山一鎭同細

柳報國仍多丈夫榮

獨坐不堪孤寂扶杖往訪敬伯仍次伯韻

獨坐虛堂惜此生耳無朋語眼無睛居然老盡家中

骨索莫摧頹歎下鮮閑日放歌千慮散晩風孤詠一

心清扶筇訪友唯吾事把酒堪論敍舊情

丁未年自春徂夏旱魃太甚邑宰祈雨于華岳
山戴雲庵昔日降雨遂有此作 邑宰俞秘爲政二年載其清淨

民物荷德

經春入夏旱天高草木群生欲盡焚仁侯禱祀修牲
幣華岳揚靈需雨膏百里蕤枯纔一夕萬民懽抃動
千嘷有年交家宜歌頌東土昇平倘可遭

雨氣昏昏千嶂合雲容漠漠四郊沉樹風梢靜連麻
腳庭畔泥融動草心溪響夜魚驚逕溜巷門朝帶岸
霞深農家一一催耕種爭引黃流過碧株

次道仲敬伯兩君韻

酬唱爭多錦繡詩離愁能解亂如絲寧嫌好會逢雨
日却喜知音有子期麗澤文華君旣富蘭亭山長我
為誰良緣舊結青春日白首交情尚自支

次喜雨 閏四月二十六日祈雨翌日雨下

一犂甘雨正知時奠玉靈壇發妙機夜聞簷角銀鈴
滴朝見松梢玉露垂始令穡夫治田畝更喚廚兒促
麥炊生理自期終可裕老翁牽興和新詩

誠意由來金石通玉壇昭告徹靈宮終宵霡霂知侯
德侯不肯受歸太空

世

郊原百里一雨過喜極生靈囿至和仔見秋成豊稔
日爲輪田賦免催科
敬伯以詩遣余乃謳仲亢韻也立促次走
雄詞健筆氣橫張二子同稱大力量高視千秋無匹
敵騰名一手信奇祥風入吟唇鮮韻朗雨沾揮翰墨
花霧老夫酬應還羞拙只是騷壇鋒穎傷
次誼仲敬伯韻 仲作喜雨一絕又有小絕自誇祈雨祭文
黃潦漲滿溢田疇四野農民怨已休懽心更入詩中
切蹈舞襄巖不自由
處誠非日禱喜雨夜來聽不獨奇文放殺勤謝嶽示漢
聞許相去朝 丁未以赴燕請罰金事臺論遷私第亦遂
天地歸胡羯東邦事既危扶顚誰倚重奉借使槎辭
聖主懷台輔姦臣逞己私五湖輕帆遠何處問鵷棗
偶吟
男兒生世有爲身賦命還奇志未伸殉道亦非襄孝
事倉貧猶是草萊人孰能環復唐虞盛安得重看旺
道新日暮途窮愁獨立風波難可問迷津
遠壑晴雲盡空庭夕陽遲林花開自發藤蔓靜還垂
老意休歌嘯慵眠惱咏詩居然初入夜新月掛松枝
雜奇園集 上

前叅判李公端錫 子統制使 復淵在營時謄出
兩卷而去 丁未九月 日

雜卉園集卷之二

無題 四首

曾昧經營肉食謀 園蔬野菜辦時羞 枯魚肆上身何
入 豐饌盤中志不求 癯瘦自憐飢鶴骨 摧頹還似病
驥愁 梧溪釣渚空垂老 閑放都無世俗憂
百年生理拙無謀 麻衣蔬食不自羞 富貴在天難力
取 榮華非分豈心求 名場黜陟人多患 林壑安閑我
少愁 野飯山醪朝暮計 有時空匱亦何憂
晩景營身有一謀 欲將心事摠無羞 敬誠腔裡纔須
得 禮義篇中便可求 我富人貧唯道德 人多我少即
悲愁 從來到處何蒙面 解脫生前一款憂
妻兒休復罵無謀 德富吾家餒豈羞 褐裼猶能隨體
掩 壼飧安可向人求 二男抱志非凡數 六女俱生釋
一愁 自我治心能食報 應知多慶不多憂

雷電

風轉雷車喧大宇 雲驅電影耀長坤 天威赫怒知何
意 政伐幽燕土谷渾

急雨

暮雲拖雨脚如麻 遥帶青山一半斜 草木顚傾風勢
急 須臾洗出碧太華

来從西北打桑麻風急雲奔橫復斜滿宇炎蒸驅滌
盡凉生虛閣色清華

雨中即事

暗林初細々向夕竟零々紅濕榴花重青添草色瞑
懸簷連玉索墮地散銀鈴踈密還無定長祥恐易停

又

繞去還来集川空旋更盈洧流灌稻畝乾土潤蘭庭
翅濕啣泥燕聲吞囀日鶯青山乍欲暮雲捲始新晴

責炊兒撤籬

炊兒朝暮撤藩籬小屋蕭々不蔽楣我生本無依資
地何又園瀾来自持

曉詠

窓外嘈々鳥自鳴東方日出早天明攬衣欲起還頹
臥竟夕閑眠不下牀

種窓前茄子

窓前地隙餘三丈微雨初滋種紫茄何見枝々垂玉
子夷羡猶可代江鮀

杏子

墻頭杏子墮黃金兒婦傾筐拾取忙羡不能調邊不
薦等閑成宗少濃香

種豆

曾年豆子貴如金貸出官倉纔一斛時及播種秋可
收豉宜蒪羹煮宜粥

牛毛煎麵

山僧未賣海毛煎如玉如氷味淡然一鉢清光心覺
爽胷涵霜月氣秋天

偶題

地僻村居小家貧客到稀柴门常晝掩世事自相違

又

暗眸閑養癈病勝出门稀不復身行世親朋已阻違

辛丑春秋染疾大熾人民多殞遂有傷嘆

誰令癘鬼苦侵人村裡生民渾病隣门掩碧松蓬草
合幕連荒野哭聲頻天心未悔鯷岑禍世道將哀樹
國仁直欲畫圖輸北闕八州哀惆慮監親

看諸少步射六兩

彎弓滿月奮長身健脚飛奔壓地根應手鳴弦聲裂
石憑風發矢氣陵宸六兩鏃翻流星急百步塲闊遠
射均大丈夫才當若此愧余儒術簡編陳

悶旱

旱炎熇爍夕風豪大地生塵欲盡焚時政豈宜天有

罰邦民空自厄難逃二年餓饉曾多感八路凶荒今
更遭國命誰能扶喪敗怨聲無處不嗷〻

辛丑六月初欲向梧臺適奴馬不稽而止仍有
嘆吟

溪山素分柰還踈歸計終因俗務牽夢入梧臺雲裡
室心思柳渚水中魚高飛未借沙鷗翰遠舉難拚羽
客裾擬待明朝風日好徃看蘿月滿江初

送子祜徵祭高沙祠祈雨祭執事

齋明須謹致誠時敬奉邊爐禮節宜非有至誠神不
格終因急忽致應遲高沙祠古稱靈異小邑民常受
景禧倘沛甘霖蘇萬物躬祠先頌我侯治

次誼仲韻

衰病年来意緒蒿愧然愁坐臘梅堂無情歲月頭邊
過多惱悲憂肚裡防尚古人心懷一德李時風俗愧
三皇誰知光客長踈賑爭道吾生久已狂

辛丑六月六日向梧臺路上口占

行經竹村渡溪橋石路崎嶇馬不驕嗽玉寒泉煩渴
爽含山畏日烈炎消長潭塹向漁人語深樹還逢遠
客邀薄暮来登臺上卧一鉤新月掛山椒

在梧臺

碧潭收網出銀鱗炊粟烹鮮一味珍野老疏膓今自
飽騷人雅興更堪新平生此地耽清勝何事村閭汨
俗塵遺世忘家宜晩景烟霞高卧養吾真

禱雨得利

今曉經伸禱雨誠幣牲應有格神明甘霖霈澤沾焦
土惠化恩風浹怨氓正是賢侯仁愛厚更知玄造德
流行老夫稱謝何容已一邑生靈動賀䴵

溪山雨景

山雨蕭〻溪雨沉洞雲岩霧暗青林磯邊白鷺毛衣
濕共伴蓑翁放閑心

漁燈

一點漁燈沙岸邊水村深夜對閑眠數聲欸乃清鷗
夢風滿高臺月滿天

返照

粉壁蒼岩明返照波光金動浸虛檻人在半空搖影
裡却訝身在近仙臺

作虛簷以添松陰

簷角新松翠影疎坐嫌炎日漏琴書纔添碧葉陰還
密斗覺清光更有餘

剪簷樹垂枝以豁兩眸

垂枝密葉擁前簷蔽我雙眸臨視矓斫却今朝須得

意水光山色捲重簾

　廣陽兒家送以秋露即酌三盃有吟

一壺秋露女兒誠飲到三盃喜慰并先父今来溪上

卧每因微醉省恩情

　臺上早起

早起高臺上闢窓俯碧潭魚行波不定鷗泛霧相參

石白留溪月莎青帶曉潛無心還有意殊覺兩眸貪

　夜與漁童出渚打魚

步出溪邊倚竹節二三童僕共閑悰火舉平灣驚宿

鷺柳鳴小艇動潛龍衣沾渚露寒生背面濯林風爽

潮宵入夜歸来江路暗半輪新月隱長松

　憶周卿

同先溪山情自親通来消息苦無因倘聞偎到梧臺

上應有閑節相訪頻

半世相要水石親從来幽契自有因衰遲共謝人間

事来往依辭對面頻

　臺上有懷

閑瀾乾坤經幾會曾無此地築斯臺自余初成數椽

屋勝槩終當傳後来

地秘天慳應待我不然誰復築斯臺倘非山水吾何
有爲愛名區好往来

在丁亥年作溪亭戊子年始居之

来往溪亭十五年分成山水保吾天蕉蝦共樂多閑
適鴟鵜忘機謝俗緣細雨孤村幽榻靜夕陽微徑短
笻便浮生此外知何有垂白滄浪意自賢

風波

水國風多波蕩漾孤舟出沒勢傾危行人莫自爭相
渡退待平江浪靜時

一清上人来訪

老禪行踏青山影来訪孤棲薛嶺身別後三年今更
遇閑中一夕舊相親臨溪洗衲巖雲白交膝談玄桂
月新羡爾無心人世上笻鞋曾不出風塵

與周卿共卧溪亭有詠

有約溪山到十年每要相訪薜蘿天清江畫入交情
淡老意還憑細話傳鱸膾蓴羹非世味雲思月抱少
塵緣高臺共卧稽留處松雨生涼枕席邊
何事勤勞白首年脫然高出大羅天世情羞向沙鴟
語山趣寧從俗客傳象外貪多閑意味人間謝絶苦
因緣長携好友烟霞裡迴若身遊三島邊

昨夜苦風亂

昨夜饕風動萬林撩乱危亭宿客心驚石鷺波翻白
雪撲窓斜雨暗青岑繫舟灘上漁燈滅倚枕床邊席
冷侵早起軒櫨闌點撿碧峯丹壑靄雲深

與周卿泛舟

解纜晴沙尾沿回碧水涯柳陰清透骨岩雨冷侵肌
露髮蒼苔泮披襟細草湄閑情隨處剩歸棹故遲〻

又

船泊蒼崖下窺魚白石涯絕看雲出壑還覺雨沾肌
移棹沿清渚扶筇傍碧湄還登臺上卧沙岸夕陽遲

落日

畏日西頹山影長夕凉初動卧人牀江天霽色軒窓
外柳岸風光枕席旁白雨行時迷半壁紫烟生處歛
殘陽一眠更着清虗裡仙夢飄然繞石堂

次周卿韻

江色澄涵山日明人心恬靜氣和平自然養眞怡天
命萬慮消磨睟裡清
山碧江澄入眼明風和雲淡覺心平曉来更有漁舟
興身世超然太劇清

別周卿

君去梧溪誰共遊風清月白水空流窓間獨宿醒殘
夢臺上孤吟漲別愁雙影不隨漁艇裡一竿無伴釣
磯頭把盃朝暮長相憶却抱枯笻步石洲

松壇獨卧

籍芳桃石卧松壇露髮披襟林影寒閑着書眠閑自
覺不知人世有艱難

旱風

陰雲纔起風吹散苦旱天難雨澤行枯渴生靈那忍
說佇看溝壑骨崢嶸

夕陽

斜陽照粉壁金柱橫江天鏡面銀波白灘頭石色鮮
徐引長松影帆催遠客鞭光陰尤更惜佇立落暉邊

杜鵑

蜀主名杜宇千秋化怨禽枝間啼飲血夜半聽傷心
幾處林花落多時嶺月沉年、声不歇長在碧山深

臺上望見童子釣漁舟還

童子撑舟上碧灣夕陽斜外釣魚還老夫朝暮供鮮
膾微分猶忻食不艱

答過客言獨處無伴或多孤寐之意云

獨處溪山自不孤白鷗黃鳥取爲徒鷗能偶坐鷺能

語常日相随不舍吾

馬淵崖頭古松爲樵夫所斫歎

崖頭百尺長松樹最愛亭〻雪後天一夕樵夫膺斫伐千秋翠盖已摧顛餘槎瀝血凝成玉墮葉留青積似氈鬼怒神驚惜不得龍已痡倒救無緣溪山勝槩還多欠岩雨翻成充淚泫

六月十八日自梧臺歸路歷訪禮仲幽棲避暑聽童子弾琴

歸路窮炎當午恭爛顔焦背若難支乍緣林影尋幽社高倚茅堂復暫遲快飲香蕅除欝熱愛聽童子美清絲響傳深壑凉生夕却似新秋暮雨時

暫休冷泉

望〻岩泉促馬行纔聞戛玉冷秋鮮一盃氷液寒牙頰五内炎煩濯水晶金屑點成甘露味淡光浮動井花精千人日〻留車馬争挹淯流滿腹清

過畸軒

暮過畸舍暫相留月滿閑庭客滿樓窓外竹風驅溽暑檻前松露滴寒珠一鮮長篴清雙耳數掬凝氷爽渴喉莫道梧臺専勝槩此軒猶足借新秋

還家

朝發梧臺上荒村入夜歸小堂松月白幽榻簟紋輝
體倦宜長臥魂清覺夢飛烟霞水石裡枕席尚依俙

出見水田有嘆

龜背紅毛箇〻跡穀心皆死條何如農夫野哭聲相
應我亦蹢躅百唏噓

悼沈君沂

白玉清氷心淨潔春蘭秋桂氣芬芳雍容語笑人相
愛卓絶才名世少方早折蓮花增妙譽輕遅雲路養
文章可憐顔子何無命三十終經身忽亡
至性天出孝將全敬誠臨事自髫年三秋瘴海憂親
免二載鬢山侍病篋風夜勞心成毬疾死生忘已竟
沉綿誰知隕涕并卅別終是幽明永訣邊

郡之南有高沙洞地志云雲出洞外則風雲入
洞裏則雨近日出而不入是亦有心以助旱魃
耶

莫言雲物自無心出洞為風入洞霖三旬不向高沙
起虐負羣生望雨忱
瞻彼高沙洞裡神焉無冥應佑生民長雲一帶南飛
過助旱凄風已五旬

聽蟬

綠陰深樹一蟬鳴先得秋心細作聲次第能承鶯語
後老翁傾耳便傷情

東風則雨西風則晴雲北則雨雲南則晴

風不東來雲不北吹能西至去能南天無雨意徒須
識莫向蒼穹籲再三

憎蒼蠅

訟眉舐眼羣爭集入袖咬肌巧有謀君比世人誰得
似赤憎磨手又搖頭

落日

日落村林溽暑收暮烟凝碧遠郊頭已知梧葉秋期
近乍有微涼生晩樓

羨飛鳥

不爨爲食不織衣寄家林木好翔飛年來歲去長閑
放況又人間無是非
有口不言人過失有身不被俗誚疵居無住著行無
碍羨爾微禽多所宜

次張巡守睢陽韻

戰劇軍容弱城孤將自危纔看兵食盡已覺殺氣麗
擊鼓殘鋒接挺金憤淚揭英雄推大勇婦女守空埤
南霽悲難了張忠誓莫移千秋詩不朽白日並光馳

太守祈雨于禮磏湫山中竟夕無雨想禮磏
者與女妓聲相近而取其名也豈有精靈尚在
雖或有之亦豈爲山川之靈而能贊天地之化
措其雨暘之權耶舍其前所驗之高沙而新占
禮磏之不可信者固無沛澤之效耳

蘭姿蕙質一名妹玉碎珠沉魂有無靈壇可設神權
少禱祀雅精異驗孫雲雨兮心空寂寞石湫幽草俚
荒燕事須信古遵常典千載高沙在不誣
天欲我民飢渴殲羣靈安得竊恩露仁侯謾自修牲
幣黔首渾如觸烈炎溝壑年〻新鬼哭江潭處〻旱
龍潜此生衰後何多咎八口朝夕欠菜盐

送別太守李公賑恤御史啓罷

五馬嘶愁出境行攀轅此別不勝情親民已久恩逾
厚愛我偏多老籍生枯草共沾覃恵澤繡衣何事誤
仁聲公歸尚有庭闈樂彩舞長歡萬壽榮
習池我荷山公至偃室常隨笑滅明樽席團圓猶識
分家貧賑貸亦含情白頭今日愁相别青眼何時喜
更逅於後那堪空悵望滿天秋月夢龜城

紫溪書院與誼仲會話因題以示

吾年六十有三年却憶青陽一夢邊花發春園歌舞

地月明秋夜醉吟天當時故舊皆零落此日衰容獨
悄然賴有畸翁猶作伴紫溪文會續前賢

挽李嘉會 名休運

聾巖賀淵大家聲德義文章最著名留與後昆光盛
美纘承先業子奇英妙吟游藝工程遠晩節安居分
顔成霜菊雪梅幽契静瓊詩玉叶玩心清浦雲溪雨
閑耕釣山月林花任醉醒更有芝蘭皆俊秀政知门
祚永昌榮久欽風彩相從地幾荷殷勤眷顧情六十
生涯如一夢不堪衰涙便沾纓

題雲门寺

雲门来訪曾遊處山碧溪清月滿空自笑浮生今老
盡俗緣虛負舊仙風

金承旨 應祖 以詩一絶贈密陽人密人要代次
金令公曾經密伯云

曾将德惠感人心亦有文章聳士林立教儒宮遺澤
在舊民欽敬儘衷襟

經綸世道若無心老卧丘園舊薛林 聖主汪恩酬
未盡北望猶自抱忠襟

多少吾民景慕心幾年春雨碧千林説到凝川波不
渴便添詩語洗煩襟

庚子季秋東遊紀行

病蟄荒村裡 衰岭已白頭 閑心多俗累 行迹欠清遊
戒度懷長往 良辰屬晩秋 平明藜杖出 東指問丹丘

踰七谷嶺訪玉山慶興寺。

峻嶺崎嶇鳥道通 蘚林楓壑認仙宮 夕陽孤店堆殘
菊 瘦石幽磎辯古松 雲暗谷中疑路斷 影濃衣上識
秋紅 一僧叉手沙门外 問我從何自入空

宿慶興寺 有老僧云自占新基寺今二十餘年也 明用前韻

老禪修道覺神通 卓錫新開大梵宮 飛閣出雲齊碧
巘 危欄截壑倚蒼松 靈光曜日金壇靜 錦樹含秋石
磴紅 中夜一輪山月白 客心瀟洒世緣空

過徐參奉精甫思選故宅有感懷

故宅依然在 门前舊客過 九原消息斷 懷思正如何

中林漁村暮景 在河陽地

江畔孤村八九家 政知漁父好生涯 津頭立馬眈佳
景 一抹殘烟印白沙

過二水朝陽閣下 時太守不治多怨詩云

朱欄畫閣倚長洲 二水風光最一州 暮角聲中民吏
散 朝陽影裡粉粧遊 繁華富味渠誰樂 凶歲催科我
處愁 客過江郊空指點 武城絃誦可聞不 時永倅不治多怨詩云

暮過村路

路入溪村夕照紅竹間舂杵白頭翁欲問前程行遠近水聲喧話語難通

至梁村有所見 第六女兒爲李景隆子婦者也

稚子先知遠客來走傳阿毋出迎催拜庭驚喜還含淚慰我行勞進一盃

話李景隆 名是樓

兩地相思再閱秋幾多離夢共悠々重逢此日情逾款坐對芳樽說舊遊

責李景涉 名橧先我而行故也

同遊宿約子先登不識緣何含光明勝裡溪山還獨賞滿襟清趣又堪憎 先訪立岩故云々

瞻謁臨皐書院

節義忠貞横宇宙東韓百代樹綱常至今遺像秋霜凜尚帶前朝日月光

向立岩路由蜂岩 鄭景平名𡌛李景隆李景涉及余同行

尋真始入蜂岩洞水繞山田路轉深馬踏秋紅行不倦此生偏有慕賢心 立岩張旅軒別業也

獨松亭 有盤松方數十步清陰滿地移時坐休東有一村名君待來云

溪邊斷岸有孤松葉似蒼雲幹老龍聞說先賢休

憩此清陰留處想遺蹤
村名君待来君待底人来物外仙庄僻塵蹤不可来
望隅塵嶺鄭景平為余有言
景平班馬為余言有嶺横天隅洞门人到此间塵念
盡頹君今日瀉胸煩

答景平
此身雖是世间人心地曽無一點塵緑水青山吾分
内到来行迹夲清新
入隅塵嶺内 三嶺相掩先生命名云
高山疊〻絶塵蹤去路從兹隅幾重别有乾坤留故
社大賢當日住遊筇
合流臺 昔人嘯咏處云有岩臨潭成臺二水合流其前
二溪分合理俱通臺石因成造化工遯世幽人曽嘯
咏天淵識察静觀中
立巖 其高百餘尺自古以為名植立溪邉北連戒俱臺
特立奇巖卓似筍毅然高直是天真自擎霄漢横千
古氣勢森嚴若有神
日躋堂 此先生所棲云堂在立岩戒俱臺之半壁间也
堂扁日躋十尋高遊子登臨意氣豪物外風光今寐
寞蒼巒疊〻水滔〻

戒懼臺 此先生所遊云在立岩之連北其高居立岩三半之二

戒懼臺迥半蒼空脫屣攀登挽竹叢苔石依俙陳迹
在凜然千仞出塵風

坐乘露壇與諸公飲 在日躋堂前

古樹當中白石壇露凝秋葉滴盃盤良朋滿座酬佳
景不覺斜陽下碧巒

避世臺 在立岩東五六步之地石屛之下深潭之渚非俗人可到也

隔塵嶺內塵心少避世臺前世事稀若匪閑人那得
到碧溪南畔綠苔磯

瞻謁張先生遺像次韻 影堂在立岩東百步之地眞天作之名區

大道源流自晦庵千年理窟任情採餘風右地追師
範遺則斯文作指南秋晚舊庄時序九客來斜日影
連三拜瞻圖像重親炙一是吾儕景慕咸 咸字非叶而元韻押之姑因不改

尋樂閒寺

轉入清溪東畔行周沙界上訪軒楹森森樹影皆松
桂立立山光揔水晶月下鍾鳴僧語定風前詩咏客
心清樂閒題額知何意要使浮屠解此名 張先生命名取韓文公所謂樂閒仁義道德之說云

歸路偶吟

數日遊尋山水勝浮生隨處剩閑情梧臺亦有吾棲
息歸意忩忩返袂輕

完山道中

十里平郊細雨飛一鞭催着向何歸入望芝峯橫翠
黛永陽諸伴莫相違（諸友有芝峯書院相待之約故云）

謁芝峯書院

羣山萬壑護名區鍾氣含靈挺大儒行道濟時身否
泰奮忠當乱國艱虞斯文立幟仁賢表鄉邑留光德
義優廟享千秋仍舊社妥来瞻拜愧頑夫

過觀瀾書院（時新創書院祠宇奉安晦齋先生）

山勢逶迤百轉来結蟠臨水巧成臺昔人遺躅觀瀾

勝後世仍名學舍開有志斯文多士共立祠先正禱
儀該慈鄉自此明吾道鄒魯儒風永不頹

宿慈仁黌舍

薄暮来投慈縣黌明倫堂上坐三更滿庭黃菊寒香
動頗慰周遊倦客情

贈孫思叔（名處愼時爲縣宰聞禁甚嚴云故不通）

吾道升沉貴賤懸雲泥相接自無緣慈山政理多絃
誦壽㸃閑居但草椽偶着遊鞭门外過難將姓字閽
中傳坐令咫尺音容阻知舊深情更悵然

登榕嶺語景渉

俯觀鼇邑舊山川形勝偏多百里天文獻至今稱汗竹俗風寧復喜相遷

臨歧別景渉

莫道初分先後程溪山十日竟同行歸來此夕還相別立馬堤頭空復情脉〻頻回首行〻路漸違還家知底事各自掩荊扉

還家口占

興逐心還靜身休氣自培溪山行住處夜〻夢中回

自叙示友人

吾年六十二春秋却憶平生一夢浮百歲生涯今過半風情好事莫相休

至月五日書懷謹上 東洲表叔案下

憶昔孤兒幼少時偏蒙敎誨最勤斯恩同父母慈如子義愈甥舅餘有枝離夢每宵身化蝶相思幾歲鬢成絲親亡家歿餘殘喘獨望 東洲老更悲

又倒前韻

四十餘年別意悲雙垂無限淚如絲魂歸古嶺林邊宅心掛寒松月下枝恨入鴒原知幾許傷多鶴髮耆何斯一書千里聊相慰眠食須調歲暮時

奉次 東洲表叔家居二十四松之岸有咏峯

字韻

蕭踈草屋倚雲松不羡歸巢五老峯散步高丘寒影
裡雪中淸興寂三冬

移入盆梅共處窓間

幽契從前有此兄相親相近共生平却嫵庭畔多凡
卉移入窓間托雅情

訪誼仲見壁上題詩歎其將送一女適人頗有
恨別之懷卽次其韻 余有六女已盡送別

汝女於吾五箇無六巡傷別尚支吾出家知有先人
制勿復區々歎寄孤 元韻有寄孤之歎

至月二十二日夜書懷

月出東岺到二更偶窓寒影照心明悄然無寐多哀
思只是存亡毋子情

謝李晦久 敏蔢 次鄙韻使其孋子來傳

玉麟曾佩和詩來謝我東遊訪古臺何堪白叟蒙殊
欵宛若青眸喜更閲別後懷君情不盡简中傳信筆
雖該偶雲遥望愁還切歲暮梅窓夕日頽

更步前韻謝李上舍聞遠先凡

相思一念毎區々共是衰遲兩老儒志氣醇和超世

俗衣冠古朴尚唐虞芝峯邂逅情誰懶簡札殷勤惠
我優日後何緣重把袖德音清範仰大夫

謹承東洲舅氏和韻仍更步以謝

性拙才疎豈適時任他閑放老於斯幽棲邃谷雲間
室托契寒梅雪裡枝飯袁春山金鼇菜酒沽秋店玉
壺綠百年身世須安分莫用清貧作一悲
此身虛老不曾悲閑住梧臺理釣絲垂足弄波蹈石
角脫巾晞髮倚松枝紅蓙紫陌人爭彼綠水青山我
有斯漁子二三同樂處吟風咏月幾多時

附東舅氏次韻 庚子 臘月日

天挺高才九歲時人稱華國在於斯神清月瑛秋
江水氣爽風生瓊樹枝擬見摩天鵬展翮誰知蘊
玉髮推緣由來大器難容世用舍何須謾喜悲

又次倒韻

清詩能解老懷悲霜鬢居然吐黑絲愧我沉冥蓬
篳下羨渠攀弄桂花枝丹崖翠巘人無競紫閣彤
闌孰勝斯從古豪英未豹变深藏必俟奉來時

代次杜甫臘日四韻 日課

殘年臘日好逍遙老客凝愁强欲消驚却歲闌排懶
謾喜迎春信慰簫條寵頭浮蟻斟終夜席面佳賓醉

達朝倚榻高吟衽袖冷霏〻細雪暗蒼霄

詠半開盆梅

玉頰瓊唇半欲嚬雪窓添得月光新床頭漸覚清香
動詩料還多一味真

壬寅春民大飢地主出郊饋粥又賑濟即以一
律稱頌地主睦來善

化雨初開霽景新賢侯出按趂茲辰坐臨清渚襟懷
淨問及飢年賑濟均百里仁風翻麥浪三春旱魃悔
民貪老夫餘喘逢今日忘却窮村久在陳

梧臺歸路次誼仲贈韻

溪庄憶在碧山東物外烟霞入夢中金蕨正宜供夕
饌銀鮮亦足謝春窮月沉沙際鴉鵲宿雨過臺邊躑
躅理策今朝歸去路別區風物滿眸豊

又次朴而煥韻

千林經雨碧小閣納風清池面荷錢弱墻頭柳絮輕
高吟詩興動散步逸趣成春務殷郊野啼鳥且勸耕

又

雲散烟收霽後天山川如畫遠依然林風洒〻開襟
處野樹蒼〻望眼邊鶯啼始覺青春暮燕語還催白
叟眠安得携錢沽美酒也從閑放竹林賢

塵冗擺脫意殊嘉靜裡林泉卧彩霞樂道安貧身有
所忘憂終老計無差巖巒繞榻心顔慣魚菜登盤口
腹奢來往十年唯此地箇中真趣向君誇

以溪村𤸪病虛負三春今始到來次前韻

藜杖緣何久未東春遊虛負病村中雨含臺榭苔痕
合柳暗溪郊花事窮窓外尚留山色翠階前猶見海
棠紅到來清掃松壇坐景物還供一壑豊

謾成

未至梧臺長夢思既來亭上還蹇落〻吾心常自
安閑窓獨對松頭鶴

從釣叟立溪邊有詠

閑隨釣叟立溪邊細雨沾衣薄暮天此樂人間誰更
識欲將身世送餘年

雨中

雲冪山頭雨暗溪溪村山店暝東西閑窓終日無思
慮空有黃鸝樹上啼

排悶得大魚作膾羨有嘆

排悶深江渚槎頭水族多驚鱗飛玉尺躍鯉擲金梭
腥切充蔬腹烹羨養老痾年來爲我侶信義愧相訛

有所感

鷗瞪窺魚眼鷺多喚友聲嗟吾同二鳥莫是自無情

又

眼青千嶂色耳慣小灘聲餘外心無管渾忘世上情

獨坐即事

洞天雲合日初沉林路江皐盡晦陰漁火遠從孤店
出杵聲踈斷小村深柳風吹作三更雨松籟清如半
夜琴獨卧高臺長不寐淡然誰共說閑心

食魚有感懷

憶昔慈闈養充時躬漁江渚白魚肥秪今風樹悲
何耐對案忘飧涕自垂

喜雨

風來岸柳葉翻飜乍見江村雨意稠窓外經閒簷溜
滴佇看今歲大豊秋

雨洽平原草色飜野棠閑盡露香稠淸新景物還無
際處處黃分看麥秋

嵰山迷壑濕雲飜密雨如麻入夜稠臺上閑門堪閒
寂松涼侵閣半如秋

雨裡釣翁

被蓑帶雨倚江頭終日垂綸不解愁自有生涯長得
所一身閑適可羨誰

白鷺雨立

濕盡毛衣拳一足沙邊獨立意如何食魚情欲還同
我飛去飛來愛清波

晝眠

慆興翻因懶睡來倚床瞑目夢初回遊魂不向人間
去只在清川白石隈

雨中

雨裡江山色依俙似畫摹雲松低石壁烟柳暗村隅
林路被蓑客沙洲拳足鵰爭如摩詰病空對輞川圖

雨後看漲

昨夜千山雨今朝十丈波石牙翻白雪洞口注黃河
積土防崩岸撑舟上高阿遠鵰耽浩蕩泛泛避泥沙

霽景

夕風生木末溪雨曉仍晴洗出千山色喧添小溜聲
新鶯語更滑騷客意逾清吟矣憑欄檻偏耽光景明

偶見白蝶追楊花飛去

紛紛白蝶鬧楊花飛過青林雪點斜似惜輕香飄落
盡趁風追去好遮拏

偶題三首

臺高西日近窓薄爛炎光首夏鶯初暑還宜有此堂

又晚二絶

斜日啣西嶺江頭金柱橫微茫還欲暮高閣納清涼

又

瞑色生江樹清風海塢松長空初滑月窓裡自從容

夜坐無寐獨吟

臺前波色淨窓外月華新坐久閑無寐清光太逼人

雲霧

谷霧時吞吐川雲自去來閑谿還沉暗橫斜更轉回
須臾分變態遠近隔塵埃行客迷深徑誤探石磵苔

即景

川雲閑翠壁朝日映長波鷺晒沾霞翅魚龍蘸水羅
盃樽清自近書案淨還多住着林亭意好兹不為佗

溪亭即事

松壑晴雲散江郊曉望悠野棠明小雪山麥占新秋
魚戲翻蘋渚鴎閑傍釣舟長歌意不盡策杖步汀洲

四月八日再有雨漲

薛林江雨暗沙際洞雲垂轉聽灘聲急幾看水色迷
泊船波不定崩岸砌將危松露還嫵濕移床近北楣

夜詠

中夜不眠者一心八窓虛白月光侵靈臺洒落無塵

想性理源流肚裡尋
沉思道心與人心精一須無外物侵千聖却非殊我
性當從義理細推尋

江漲

江漲分長峽波橫小洞庭芙蓉叢滅項蘭芷岸沉青

謾題

身世悠悠謝俗塵由來一十六年春青山最近幽棲
店白髮還宜把釣濱家業自無饒契活兒孫傳與舊
清貧淡然忘却營為計百結衣裳任笑嚬

余於溪亭松柳花卉任其所有而有之不加裁
植者已久其中脩竹最愛而絕無然不令人俗也
故亦不致意於移種至今年有客問君何無竹於
此間余答云云客曰不可居無竹也余心所愛者
忽感於客言即令家僮取北隣小竹列植臺前覺
得光彩倍增仍有一詠

此間自古無脩竹無竹非無愛竹心深感客言纔種
植竄先欣得散清陰

答客問梧臺何無梧

桐江非有桐蓬島豈多蓬莫道無梧樹長松碧半空

又

無梧臺作䟫非鳳我來棲摠假虛名字從他世怒擠

種竹後仍步竹塢有詠

王立森森竹數竿始培清節歲將寒松隣又與此君友靜裡相依影不單

有村翁移送牧丹植臺前

曾聞富貴作花王九十春風御衆芳賴有村翁持贈我玉階封植播馨香

謝地主來尋溪社 姓睦名來善字來之

洞僻林深石棧危自無車馬此逶迤使君公退閑多興藜杖來尋幸有期行色淡然雙鹿護風情洒落一壺持祗令幽壑增輝彩山簡何妨醉習池

物外江山分內清漁樵契活浪遊情發重人世塵囂隔無限烟霞俗慮輕深荷使君仁智樂遠探真境水雲程岩巒動色沙鷗悅臺上逍遙穩話成

奉別地主 二絶

公務初休暇遨遊水石間從來二樂興渾得一心閑

勝裡留清迹臺邊悵別顏後期如可續重為掃松関

又致謝地主

在野垂恩澤棲雲荷德音微蹤頻感分高義尚知歆

拚別愁啼鳥旋歸恨隔林谷深難出適瞻謝貴孙吟

慆興謾題

雨過溪山霽景清高臺獨坐剩閑情蒼柘遠壑雲容
澗白石長洲月色明漁火夜深鷺宿樵歌日暮和
啼鶯名區勝賞人誰共經羅孤吟一睡成

暮景

夕陽西下掛山城綠水東邊反照明臺迴俯觀飛鷺
背樹深幽聽暮鶯聲蒼巒倒影江適碧素月懸空谷
自清人在十洲風景裡不知誰與說閑情

順成來滯數日請歸

黃河変清渭瘦石出長灘林渡絳牛腹歸人莫道難

造松花茶食

收拾松霞一掬纖黃金動色蜜成粘丹如九轉蟠龍
虎圓比三更映兔蟾香滿玉盤風臭在味甘牙頰露
寒魚仙人脈此童顏少知我從今壽可添

夜聞石灘

薜夢初驚松雨鳴閑窓始覺石灘聲雲卧衣裳猶自
冷枕邊叵耐一魂清

昨日種竹今朝更得一款清新

露葉風枝看更新清朝一際自相隣歲暮貞心須共
保翠陰寒影滿溪濱

刈青年

催刈青年不待秋耐貧猶自備新炊山居契活長如
此爨玉何曾分外求

江漲未漁唉山菜

蹂分常知菜味甘雨餘山鼈軟宜唉生平肉食謀何
在薄饌安心不自慚

偶見流民

流徙轉乞共民天幼充相携最可憐圖上九重宜惻
念庭緣田復太平年

與村夫對語三首

不堪談古與詩書只解畊田又釣魚終日相酬無外
事鉤針巧拙作犂鋤

所業相殊各自宜我爲都不甬當知意將用汝爲柯
則學得耘苗及理絲

我有詩書餘在中甬能畊釣食常豐自將經術紓何
用白首甘爲山水翁

悼曹尚周病亡

三十方年健武夫出人英畧學孫吳早攀青桂身還
殘嗟惜浮生半夢孤

風吹柘竹

風本無聲借物鳴松能瑟々竹泠々泠々瑟々生琴
韻猶勝無絃亮聽
梧臺亭西窓曰臨波 以下四十八詠
俯臨明鏡細生波浸閣清光濯面多魚鳥爭飜星月
動蒲江搖影更婆娑
南第一間窓曰翫月
素月當空洞壑明瓊瑤境格寂澄淸中宵愛翫開窓
葉桂影玲瓏映水晶
第二間窓曰聽溪
瀉琴鳴玉小溪聲靜聽林間耳自淸噴石為崖寒動
色欲將氷雪洗襟塵
東戶曰看松
一樹蒼髯蔭石壇露梢珠滴曉凝寒貞姿百尺凌霄
漢閒戶盤桓不厭看
第一間北窓曰倚岩
窓外奇巖如几案錦苔含碧帶松陰有時出倚孤吟
罷不覺寒光已滿襟
紫谷暮雲
紫谷口暮雲生橫帶山腰結不行翠岫浮空如海
島却疑坤軸近蓬瀛

山城落照

山頭古堞矗長雲䕺馭西沉已夕曛十里平原紅欲
歛江天水國暮光分

野店炊烟

江村處々起青烟知是晨炊楚竹燃輕抹長林連谷
霧細風吹送暗溪邊

蓮峯翠黛

卓立蓮峯聳半空西望萬丈蔚葱籠輕嵐洗盡前宵
雨翠黛螺鬟媚眼中

廣石稻畦

麥畦秋盡稻田青瀰野晴雲一望平風帶夕陽吹碧
浪有年方可待西成

金潭遠流

金潭水勢遠悠々泒出雲门百里流素練平鋪分野
色青楓綠柳繞汀洲

龜村竹林

小落東邉翠竹林蕭蕭楚岸雨聲侵謂川千畝何須
說山郭高陵自森々

佳麗遠峀

層巒列峀遠蒼蒼形勢參差護僻庄佳麗號稱知不

誣宿雲殘雨攬奇光

北岺奇岩

恠狀奇形植且橫危岺削出玉崢嶸雲根萬古千層
碧淸夜時聞老鶴鳴

梧谷晴霞

梧谷寬閑擁翠屛晴霞深處畫還冥居人自愛村幽
寂園樹長聞杜宇鮮

鴈嶺朝旭

橫嶺岧嶢亘碧天鴈飛那得度危巓旭日初升明萬
谷碧松寒影入臺邊

南岳秋紅

南岳崔嵬勢聳天早含秋意受霜先萬樹新丹粧峻
壑錦光紅映白雲邊

神峯松檜

峯頭松檜出雲高雪後亭亭氣勢豪滅影千尋風不
折幾令君子擬貞操

馬崖石逕

層崖百丈壓江濱石路崎嶇隔世塵馬踏長虹危欲
轉爲尋眞境有幾人

石屛新畫

石屛初展畫圖新瑤草瓊松摠逼真龍眠老手頻神
妙寫出蓬萊弱水津

長灘漁火

漁燈一點泝長灘遥夜傳光照碧瀾何處愁眠孤客
在泊船楓岸遠鍾寒

柳溪春綠

溪柳春回舍早碧烟光暖處惠風遲青帘隱映山村
裡正是遊人買酒時

梅坪牧笛

梅花村外遠郊平綠草芊芊細雨晴牛背牧童橫晩
笛遠風吹送短長声

主十一　三四

沙洲林影

洲渚晴沙挾遠林林梢夕日播清陰移影白石連江
際轉覺虛簷晩凉侵

石瀨鳴湍

幽溪嗽石亂成湍雪躍氷飜遠響寒耳洗心瀾長自
浥時時倚杖立江干

碧潭波光

一曲流泉成碧潭微波瑢漾色如藍浮光動壁凝清
露濕畫荷衣逼骨湛

登波漁艇

波上風恬浪小舠兩童搖漾入天高碧灣收綱銀鮮
躍蘆荻花邊泊短篙

磯頭釣翁

白髮漁翁把釣竿磯頭獨立對淸灘渾忘俗事常終
日身世悠々着一閑

山中樵唱

靑衣童子入山中拾盡枯柴倚岩風爭唱勞歌聲斷
續懶眠驚起伴鷗翁

野外農歌

野村農婦簇成行當午傕鋤趁畝忙齊唱纖歌淸緩
々遠郊風送數聲長

幽澗暗柳

小澗幽深柳暗光苔氈綠蔭石壇凉巢鶯亂囀無朝
暮爲愛靑林近僻庄

苔岩懸溜

岩腹苔文錦綠深泠々懸溜瀉鳴琴排窓穩聽淸襟
韻不用絲桐費雅音

夜啼蜀魄

還夜虛窓獨不眠月輪高處聽啼鵑啼自無心聽自

苦枕邊驚起憶慈天

沙頭宿鷺

沙頭清夜伴閑鷗共着長眠夢自幽寤寐相隨唯爾
我暮岭同占一滄洲

盤岩獨立

有石平圓視若盤波間一面浪痕瘢時〻獨立徘徊
意南挹清江北長灘

瓢岩魚躍

水繞瓢岩清且深游魚潑〻躍還沉鱗空玉尺知無
數爲是奇觀匪羨臨

三十六

林岸砧聲

薄暮疎砧動烟林軿傳高閣轉沉〻乍添溪響低還
促更帶岩風落遠濤

石棧歸僧

石棧穿松掛半空一僧扶錫步從容問渠來自何山
寺衣上雲霞濕未烘

山田耕叟

山腰石田半傾斜耕叟鞭牛踏片霞一面青丘埋小
草秋來還見碩苗華

前階海棠

海棠花發滿階紅香動微風細透櫳花意亦知人意
靜任開閑日雨聲中
洞口遠山
長峽南通遠峀遮雲容翠黛入望邈山川有意閑還
掩焉護名區茅一家
竹篆吟詩
竹床瀟洒絕文淨芸卷連篇揔古詩長事吟哦成叶
律一區風月更支離 四十八詠終
謾題
壑邃雲常在山高月出遲人稀谷自靜臺逈地如款
林晚鶯啼切松涼客睡宜逍遥終日夕謾興更支離
登望前峯
石磴扶藜行緩緩危登峻壁倚岩松波流滚滚圜平
野雲樹蒼蒼列遠峯黃動麥畦秋欲老白連沙渚雪
凝冬矚眸風物皆仙境騁望聊閑介滯胷
送奴貴業問彥陽寄食之妻子
妻子流離滯異鄉正應飢歲好充腸通來消息三眞
盡猶自相思一夢長虛幌獨憑愁夜月深慈久隔感
天常為令小僕遠尋問騰撓封書數紙归
臺越邊有銀坑

地靈藏寶騰輝彩夜識金銀自不貪開闢至今難久
秘掘坑方許利應覃千尋穿下忘勞力萬欲腦中索
大吠銖分好爭唇目亂小多徒有腹心慚視同沙礫
人誰在魚菜充飢我所甘

小兒施罟得細鱗一貫即題

波涸潭清魚出戲小兒沿渚繞纖絲金腮貫柳無嬾
細逕帶斜陽歸不遲

一朝清溪盡成濁流怪問之曰上流淘銀泥云

嗟汝人心本自清涸如溪水一源清懷金利欲同泥
滓能濁人心涸水清

而已溪流更清怪問之曰銀泥經撤云

嗟爾溪流本自清經緣銀利暫無清濁泥已去還如
舊須與人心共面清

早起朝望次唐詩河亭晚望六韻

野郊明半旭山店起孤烟遊子無非日閑亭不記年
機忘鳴泛處身在鳳巢邊斷霧開青嶂鳴灘奏綠絃
露湛蘭並岸風靜薜蘿天去俗非吾意清緣自近仙

待祐子自彥陽將還仍次前韻

祐子應懷我歸鞭發曉烟慈顏愁遠送作別動經年
日高青海上馬踏白雲邊幽樹晴無雨長途直似絃

梧臺當薄暮鴈嶺望遥天心喜将何極工隳六欲仙仙有六欲維慾欲難去故言隳仙工

童奴適出不漁不菜遂廢朝食有嘆吟

莫言我意能忘食無菜無魚不飽朝山水我曾專喫着有時聊爲膽羨饒

謾次錢起山中寄舊友韻

好居深谷裡飢食碧山薇充鶴棲烟伴閑雲錫共飛
波光風榻淨松影月窓微燈焰通宵盡漁童待曉歸
無心長放浪世事自遲違

謾次李商隱六韻

朝暮依孤枕松门晝掩閑水聲寒一夢雲影暗千山
日落鶯啼歇天空月色還沙明詩咏眼風洒酒醒顔
意静三清近身安萬慮閑幽棲長自好清福爲人環

臨溪濯足

塵無染兩足長踏碧松门不是滄浪濁聊湔蕙露痕

又

濯足行身潔無塵寄跡清青雲曾不躡徒步碧蘿程

遠壑烟起

遠壑孤烟起青山白一條横分江岸色轉作斷雲飄

馬厰青草

食貧曾先瘦此地厭青蒭伏櫪懷千里嘶風空自愁

巢燕

簷角雙棲燕飛翔若有心華堂多世上何自好雲林

有少娘渡江灘 反律

嬋娟玉府娘向晩涉江光波上輕羅襪風前拂翠裳
柳惹天香過沙留月跡長飄焚蘭蕙路歸去彩雲傍

答客問何不為官職

我有山中職常無一日閑雲烟政令內魚鳥簿書間
耳聒溪喧訟心煩鶴訴冤尒期又百載此苦可憫顏

夕愁諾兒不至

卷二

嶺路何崎嶮白澗亦漲深馬疲難跋涉僕短苦行吟
日暮登音寂山高望眼沉窮村何處宿愁念極勞心

今四月十五日乃余初度也即書感懷

每逢今日感傷神生我恩情憶兩親寸草微誠曾未
報白頭空自慕萱椿
憶在萱花映堂年恩天拜舞壽筵前秪今永感庭闈
隔臨到生辰涕自泫

偶題

飢年困悴少懽娛食不膏粱酒不酤景物江鄉還索
莫倚桃終日晝眠孤

歎祐兒不至

小溪空返只看書客滞方歌食有魚遠備雲山長不見啼禽緑水抱余愁

睡覺後出步松棧

睡覺支離扶杖出行吟松棧俯清江波光恬靜魚千隊沙日晴暉鷺一雙撲面輕風生暗樹洗心逸響聽寒淙玲瓏石影苔氈碧閑坐移時敵八窓

喫當歸菜

一掬衆莖碧玉寒甘香異菜比琅玕露光猶濕蒼臺兩清味須登綠女盤入口初驚牙頰爽下咽方覺光仙餐願當歸向臺區採養血調經瀉肺肝

見漁翁白鷺共立江干

白鷺漁翁爲我友江干同住十年情忘機忘世又忘光三影相隨一樂成

戲題人過初疑却非

形容最是曾相見林路初驚意外期行渡石橋回首過彼何欺我我還欺

見漁兒與白鷺相近

漁兒自與窺魚鷺暮朝汀洲共夯來鷺不驚飛兒不拍固知相慣莫相猜

偶題二絶

畔在碧山心在水心畔不暇及塵寰畔贏所得心多
樂得樂何須向世間

山多美菜水多魚魚菜生涯自有餘不費錢財爲我
用固宜貧賤者安居

聞道華衣與肉食苦煩心慮患常多可憐身世無閑
靜樊嶌蔬羹問若何

壬寅四月十五夜月

十五良宵山吐月百千佳景捴澄明怳然身在瓊瑶
窟無限晶光逼骨清

浣緑

江日晴洲渚嬋妍浣素絲雙鬟顦半臆玉手弄清漪
脚踏西施石衫輕織女肌舟人恭笑語怳過故遲、

感興偶題十四韻

芳年曾二八洗手學秦箏妙響傳湘瑟新調合楚聲
春風人共聽秋月播奇名自擬韶和曲誰將乱雅争
知音稀世路好樂豈虞賡失志齊门客孫琴羅逕行
朱絃流水断古匣暗塵生玉兎清宵静瓊花馥露傾
宮商試一奏嘈切到三更波上游魚出軒前秣馬停
伯牙多古意亢亮抱闲情松韻添絲爽篠風入指縈

數重雲影裡三復先懷驚莫道無相和幽林有囀鶯

前日移種竹竿枯死殆盡有嘆

愛竹反殺竹吾心還自羞窮林舊不蟋高砌尚何求
露葉凋如怨風枝折更愁清陰那得見春日獨霜秋

客來

有客扣松関出迎非俗顔自言聞勝境來訪白雲間
入洞塵緣斷登臺意趣閑溪山無限景眈翫却忘還

子婦送酒

孝婦知我愛酒心一壷秋露送雲林開封始酌三盃
醉興繞清波詩自吟

庚子辛丑大無壬寅春民大飢染病相傳家婢
亦出野幕憂念有吟

凶年惟氣作妖侵十室相傳癘氣沉赤脚呻吟居野
幕一憂無切可憐心

警責蒼頭

爲主爲臣分義深大諭於小竭忠心自家而國無差
等嗟尒蒼頭尚可欽
怠慢自不貞恒德恭順常同善行成乃有行身臨事
道大端切力在推誠
吾家養汝自髫年衣食推恩尚不懲何更背我仁學

德便懷姦計欲翩然

偶題

光來豪氣都消盡花柳芳華跡已陳世上風塵寧復
說孤心長鎖碧林春

溪路仙娥

映日嬌紅頰臨風拂翠衫溪頭行復止乍倚柳邊岩

往年此時與朴周卿共留臺上今年此時周卿
已作古人追憶感懷

我有山中友分溪上下居時從烟月訪共向碧江漁
去歲玆辰會今來一夢虛無端愁思起空復百唏噓

又

佳句留空壁精魂隔夜臺音容餘白首遺跡入蒼苔
石路無相待沙洲有誰來孤吟松月下惆悵獨啣盃

謾題

十年無伴獨棲遲隣德誰能證我癡山水不嫌方外
樂歌詩更得光來奇從前禮義投虛久此後心期放
浪宜猶有床頭黃卷在清辭格論是吾師

無題

山色蒼〻流水長雲容漠〻暮天荒月中湖影凝窓
露高臥還嫌枕席涼

對鳴聽鶯

鶯與鶯相侶鳴從鳴作隣如何我少伴還共二禽親

窓外波中有訥石

石有訥名還不訥流波激作亂聲喧喧非俗累喧訌

景訥石何曾好亂言

謾書

地瘦宜耕栗潭深可打魚田漁為契活端合老年居

卜小閑基于臺之東岩裡將以來秋結構草屋

于此

誰待吾人至岩間留小基梧山垂短麓松嶺對長眉

瀧瀧前溪響虺虺两峡奇茅堂宜别墅意匠協元龜

又

陽谷冬宜暖寒溪夏亦清三間屋可適一壑逕須平

階砌岩因築樊籬竹自成諒知天借我閑住送餘生

溪邊越岸有可作水田之土

洞裡居人廿平田一半荒稻畦真沃土穡事家農場

入眼多千畝經心占大庄秋來閑拓盡山計止豊穰

妻子自彥陽來留溪庄

塵緣欲盡未全無妻子飢寒一念紆縱使林居同此

樂飱霞飲水可如吾

児随老母到溪臺行盡千山萬水來喜極相逢無疾
病争酬異日别離懷

送祐児庄舍省其兄

送汝尋庄舍壽村五畝頭食貧兄獨苦年老妾應愁
二麥看秋色單𡢃問病瘵窓前臘梅子黃落命児收

始喫竹筍

竹筍纔出地黃角破蒼苔折在厨児手來為異饌財
悶愁湘雨泣盈動楚霧聞嚼玉斟秋露清風滿襟懷

是年江無銀魚幸見一尾在網

金作腰錢銀作唇生同柳葉及羨尊此魚時物今還
少一尾看來覺甚珎

睡起謾成

人稀晝静柳陰清一鳥聲中懶夢醒細酌閑吟清永
日不知人世有何情

謾成

露髮裸身足不屨非禽非獸棠農圃胸中尚自知人
道瞻拜敬過臺下路

将斫古松作漁艇有問答四首

古松千尺身連抱特立山中知幾年憐翁許我作漁
艇欲斫還爲翠蓋憐

問汝虛老空谷中棟梁美材將何用濟世若不爲大
舟寧泛烟波與我共
若有風送答我聲在山何如泛波樂山中波上却相
同與子悠悠亦不惡
山水待我爲我有松能與我又相從實天所與誠非
偶共此清遊雲水蹤

獨坐

虛堂獨坐如泥塑空谷孤棲似野禽不出洞門長蟄
迹世間何處可游心

夜詠

臺上人高卧江洲火獨明窓虛孤月影夜靜細風清
薜夢無塵想鷗心老水拜三更漁唱裡深覺一閑情

朝景

日照東林上金光動水心游魚翻玉尺去鳥掠清潯
村逕牛羊出山橋商旅尋遊人期不至門掩薜蘿陰

羅是經兒弟自故園來問聞兒家事

忽然逢二客新自故園來問及兒家事方知百務閑
場登年麥早秧揷水田催書吏無時廢名拜亦自培
有渠能善繼曾是父畬菑

次畸翁見寄一律

聞君處世最艱辛衣食年來亦耐貧産業元無力穡
厚科程自恨悪名頻我思雲壑將懷寶空歎霜毛已
似銀我有江山閑適地便當分許一溪濱
次時翁又以一絶歎凶年草竊之人仍見寄
民愁飢饉四年頻暮夜誰憐鼠竊人一死生間一尺
地可憐魚涸大江濱
聞家有莝斫刀盗人偷去云
有盗苦貧甚於我來偷斫刀想自多大特在廐舍是
去盗而不貪良若何
余居梧臺多閑暇但有蒼蠅苦侵遂羅收其麗

不忍焚殺乃投之僻遠須臾復來益不可支依
俗方取藍柒和美食餽之而已倒死滿席為害
雖除而使有惻隠之心因題以解
詩刺營營蠅古人亦賦憎泌眦睡不穩污几倦嬉憑
硯面常舐墨盃心乱招朋仆逐紛還集請詆恣益陵
搔頭好媚悦鼓翼自驕矜貪戀何無厭支危若未懲
造物生微細侵身雖可勝深思除害策掩取用竹簦
畫群收一穽屏黙隣千層越嶮復来聚恣行方且增
殺之宣汝貸罪其惟我繩毒藥儲藍柒饕飧如蜜凝
醜徒爭爛死氣勢已摧崩僵仆滿床席掃收盈斗外

始嫉蚊吮血終憐蛾伯燈惟思利己欲寧識禍災乘
反失吾仁術慚非待物弘書此宜警俗吾倘須相承
格彼小人輩謟淫誇所能

夢遊雲门寺

若耶溪上雲门寺璃目潭邊玉殿明古迹千秋留五
塔名區萬象近三清僧歸影動金花色鶴唳風傳月
磬聲仙夢飄然真境裡却起身世在蓬瀛

又步前韻贈畸翁

幾度浮生世味辛矧今吾道又長貧悠ヽ引興名山
久耿ヽ懷仙鶴夢頻飛錫翺然尋洞壑淨心猶自識
金銀碧雲回首塵緣斷朗詠逍遙水石濱

晝眠

心靜氣懶多晝眠支離桃席自頹然醒來惹起吟詩
興記得雲泉夢裡仙

修掃臺前

刈除幽草出平沙斫却荒林通斷霞只惜清陰溪畔
石不鍾高柳眼中遮

臨波窓外更補石階

臨波窓外石階危百尺層崖半欲隳更築總添散步
跡臺西一面益清奇

翫月窓前除林莽

深林雜卉自荒蕪埋沒臺前白石隅開拓一朝頓爽豁夜來贏得月光鋪

憶雲門寺呼韻

山有青霞水有聲流傳勝境看苔銘羅時始聞金沙瀾麗代重聞玉殿成雲作洞门禪意寂岳連天極月輪傾松頭老鶴鳴寒夜驚起遲留客子情

謾題

無事無心還懶謾一眠一覺送朝曛孤棲不恨情朋少時有啼鶯窓外聞

竹雨

蕭蕭竹葉雨聲踈斜帶微風洒石除滋潤碧苔成錦彩不嫌衣濕步徐徐

自掃岩逕

岩逕無塵細草生芒鞋稀迹掩柴衛自持松箒乘閑掃寧有遊人一節聲

波心雨點

波心風靜渚消烟雨點生痕積萬錢飜作銀鈴浮更沒耽看竟夕倚臺邊

謾題所見

魚戲波頭江動日鶯藏柳葉綠含聲青山斜劃輕鷗
過白石中分細路橫泊岸漁舟清滿渚臨溪臺榭吟
侵楹待人孤倚松壇上無限風光無限情

憶家

忘世何曾家亦忘區區一念到園庄窓前老梅含風
露庭畔疎松映月光子婦愁貧喫米葉女孫嬌戲美
香囊孤棲雲裡歸心斷時遣奚童問訊佢

石階间舊有神虬時見蜿蜒即必大雨

神虬久蟄學龍盤帳望風雲變化難時見蜿蜒鱗甲
耀猶能致雨漲江灘

壬寅四月晦日雨下盖有三大雨而年豐可期
云

舊閒三代月三雨每是豐登大有年秖今首夏頻滂
沛人道環田古昔天

江漲

夜聞山雨鳴簷溜朝見江流漲没沙嗽石幽溪喧洄
壑春崖白浪蹴雲霞浮槎亂逐游龍去小艇危登遠
岸斜两峽遥開連海色蓬洲安得一帆邀

光妻自彥陽還過梧臺仍留數日自言江山景
勝云

婦女亦知山水勝淹留數日下簾遲却羞耽翫無佳
句坐占風光每感眉

代老妻一詠

夫有仙風婦俗塵自慚毛女學無因願聞丹訣分靈
藥共作壷中不老身

即次

心非洒濂自無塵物外喬松契有因子若能忘人世
事梧臺應伴鳳棲身

昨送一奚問家今朝水漲不還

乍令青鳥出人間弱水千重未易還梅庄淸息遲相

問雲白山青意不閑

無題呼韻 書韻竹斥代人抽出 字字押之如呼韻

遊仙淸夢罷雲卧冷衣裳水色明殘夜波聲動小堂
山含霧雨意竹送細風涼早起開窓葉雙眸矚杳茫

梧峯登望呼韻

梧峯特立太華崇絕頂登臨望眼通三國地形天作
險八州山澤禹開功雲岑遠勢攢如戟洛水横流洞
似銅萬里乾坤輸一矚更攀危路踏長虹

石遷行吟呼韻

飄然身世學安期荷佩雲裳自陸離飛步石遷牽遥

興行吟王杖暢凝思山明水秀玆何境真契仙緣我
是誰直欲騰空仍羽客戲攀松桂拂雲枝

江閣新晴呼韻

江雨初收霧解圍露湛蘭芷動芳菲柳含晴日搖綠
嫩燕受輕風戲浪飛孤客捲簾睎鬢髮漁翁出岸晒
蓑衣滿閣清光凝枕席偶爾高卧出門稀

老妻厭苦灘聲呼韻即成一絶

閨門嘗習案齊眉不與雲霞水石宜入耳灘聲多厭
苦便須歸去莫余隨

次唐詩劉滄四韻

林深晝靜掩荊扉石路苔生客到稀黃卷對床良友
在白雲斜影懶鶴歸溪鮮慣耳清絃妙山色當窓翠
黛微終日無心還厭寂把竿徐步出漁磯

又

江色平鋪素練長山光濃綠翠屏張亭高剩得覽閑
趣天濶偏多灝氣凉五月炎蒸除十分一窓清沉領
千方孤棲自與人寰遠丹壑白雲是我鄉

畸翁以次而煥贈梧臺韻先亦而亢韻則未至

手閑岩畔數椽廬千古風光自有餘物外今來孤病
鶴世間曾是一窮魚清蹤趣味詩難畫絶勝溪山畫

不如老分愚騃誰見可却憑明月我懷攄 而煥名自章

畸翁寄書云有草竊夜入田中摘麥主人覺得制梃潛俟見有人伏狀敺打無數頑然不動熟視之盜已亡而惟麥槖在焉遂得大槖以爲已用畸翁卽賦長篇爲奇談來余和之余在梧臺嘗見此事旣吟一絶仍又作六十句以和之

壬寅四月中生民咸餒腹溝壑鬼悲啾丐乞多瘦骨
余時在梧臺所見皆慘目中宵月白天有女尋田陌
披囊摘青穗赤心仰天作主人忽相逢却立無辞說
曳杖纖敲脛问汝誰家妾嗚咽自乞憐始聞哀悃愊

我夲流徙人十口無所食夫老飢且病子女亦稚弱
命在呼吸间喁呷無由活四乞闹门拒一身何所適
胸藏羞惡心敢窺平原麥死生隔一髮寧當學盜賊
草竊匪貪心盖出百爾策天實使我然倒死身何惜
主人雖惻然敲責猶不釋扼項蛻衣裳唾手棄其槖
吞聲扶路歸蓬幕羞潜伏主人曉臨门低聲長咄〻
擧族蒙面目不敢出言荅經過三晝夜更至無怒色
槖中僅三斗衣裳亦手握列前發棄辞汝須聽我讁
渠豈盜人爲夲心何曾悪飢餓誠不忍死非朝則夕
官長雖勤恤倉廩杰已竭御史在何州莫及村坊曲

歸汝褱興豪斗麥亦並擲汝既無寸土我適有一瘠
易地則皆然汝可釋慚忸子女咸百拜夫婦上手祝
絭然告別去清風洒行跡我適聞此語拱手方歎息
知是山中人尚有淳古習意欲作義談永以傳千億
畧取事梗槩長吟成短絕君忽有所寄與我同一節
滿紙披瓊章句句皆慽慽生逢此時世耳目何不淑
苐其田主人所得充其慾布囊顧何關自以爲有益
是亦一盜心寧能誅草竊不若此山氓擲還備警責
俗風固相殊人心分淑慝嗟哉麥田中彼此成白黑
父母與妻子或爲飢寒迫廉恥不暇顧誰肯忘揭慼

時事既如此重爲生靈悒賦歛日相尋刻骨又濤血
國用亦不贍西南應求索遑遑有難支廟筭昧覘畫
柰何天未悔四載連凶歉草木爲民食粟布資敵國
政令尙不貸民何措手足流離失其所骨肉莫相恤
嘯聚方可虞狗鼠何嘗作語彼梁肉人一念須矜惕
穀粟如水火萬姓將安樂

手閒筍籜

籜閒兒鳳觜刀劈小龍腰色潤淇林月清含楚岸朝
㚟美濃髓液盛梳爍瓊瑤入饌滋菜滑山廚異味饒

端午日以染患廢　廟祀身又在外有懷

閭里相傳病不離通來三月寂危疑天中令節茲辰
會廟下叅神此日違蒲酒一危難自把醫方百草
問誰治萧條客裡看斜景空憶家山意更悲

大風雨

號怒風聲動地雷石飛江蕩樹顛摧暗天雨勢橫空
遠吹過臺邊屋角頹

老妻爲釀小醪始酌一盃

小樽新釀熟香動北窓間細酌流霞色初添薜月閑
老妻頻勸醉佳菜每登盤却歎無酬酢獨酡白髮顏

偶題

閑瀾山河久包藏名勝涯與人如有待始我此爲家
月色無今古年光有通遯百春過晝後誰更占雲霞

代贈方伯鄭萬和

玉節南巡山水鄉鉄多名勝播清光凌波堂上耽登
覽矗石樓邊快騁望憲閟丹心催錦瑟夏時白髮照
瓊觴榆川塹駐觀風沛雲彩溪聲遠坐床

戱題二首

世上豈無樂青雲綾冕縈經綸措盛世禮樂覩昇平
聖主優恩澤羣僚揔俊英寧如衰朽骨虗老卧山楹

又

青山無點隊綠水少悲愁經濟人皆在嘉謨我不優

早違行世志孤倚釣魚舟理亂吾何預生涯問白鷗

五月初八日對月酌流霞酒三盃有咏

泳霞酒熟月初弦松下携尊逸興牽大酌三盃歌一

曲世人誰識我如仙

次誼仲憶弟四韻

梧臺花柳昔同遊人去猶看舊跡留天不愛才曾散

落道何無命謾浮休溪城殘月魂空斷江閣孤燈夢

未收悲恨滿襟田白首莫雲千里更悠悠

偶吟呼韻

江作田園山作隣窓櫳日月字蒼旻氣全來往知爲

義心覺生成是卽仁露浥風恬宜靜夜星踈雲淡喜

清晨此身無事此中老自與化翁誰主賓

雨中抽韻

雨意彌天草木知纖纖枝葉細風遲洒痕波面踈還

密連脚山腰斷更吹露重松梢低近地石分溪泒乱

穿籬移入小艇依柳岸晴光早晩問漁兒

朝晴

江天淸霽浩無津雲物淡然朝更新滌盡炎茇竝無感

夏昭闲爽鬃屬良辰祥風乍起收輕靄旭日初升朗

碧是人意經同澄色静向來心覺自成真

謾興五首

樹尾風初靖江心波自恬潛魚戲出渚乳燕舞拍簾
白日睎松露青山映屋簷清光濃一壑五月廿蒸炎

又

雲影留青壁霞光隱白沙林風翻小樹山鳥落殘花
江送行人遠岩藏睡鶴斜眼中多勝賞心與興相誇

又

久飲雲溪水清淪滿腹中洒心寒似玉濯髮白成翁
深淺人情異淵源聖學工魚龍同此樂長在水晶宮

又

雲去雲還至乍陰亦乍晴天容紛變態人意未寧平
白日光何改清江洞不更移時開豁處萬象即昭明

又

昔人遊此地遺跡在山川〻號梧溪古山名雲谷傳
幾千多過客應萬有餘年往事憑誰問蒼空明月懸

食覆盆子

本草傳名是覆盆枝〻結子小紅繁醫經最取膀胱
利食治要知軟味温岩隙自生叢葉密林中新摘露
香呑頗耽潤渴甘如蜜不羨封侯有摘園

聞家信

我生環甲女孫生四歲嬌穉愛警明學語呼翁登先
膝挽鬚磨頰倚枯肱牽行每摘青梅子對食頻分綠
鴨羨不見三莫多苦憶即聞消息慰慈情

再次而焕韻

岩上高臺松下廬幽棲自許百年餘天無畜我人無
競山有佳蔬水有魚呉會季鷹知乃爾楚江漁父問
何如世皆笑罵君還愛詩句相酬好意攄

九曲江流護一廬別區雲物領無餘五湖輕帆非逃
世七里垂綸不為魚早歲勤勞黃鳥咲暮年閑放白
鷗如溪山莫娛吾人遠自欲遨遊志願攄

次畸翁韻一絶

地勢迢遠臺自高江心平穩少驚濤憑危守靜多覘
鑑一任優游性命陶

雨

曉有青山雨朝來暗江村風驅洒竹逕霧引蔽松门
玉索懸簷溜銀鈴乱波痕惱人堪閒寂終日聽溪喧

夜吟久雨

霖天無月影十五夜沉〻江國蔵清勝山庄久晦陰
風窓燈欲滅霧閣冷常侵何日看開霽憑軒罷懶心

夢中吟

老去成詩癖夢中得句吟枕邊山雨過窓外水聲深
鷗狎苔磯畔魚馴訥石潯覺來清未了身在碧松陰

曉鷄

遠聽山鷄唱幽居何處村松窓夜將曉竹砌露自繁
早起憑岩角傳聲啓薜門宿雲猶未去林路帶餘昏

臺上種杜鵑花

老年何自好蒔花只數春來不爲花若使吾吟能滿
百當看四十六開花

謾題

一橐年糜契活粮朝飱暮粥卧雲閑銀鱗八饌魚珎
學竹笋登盤羙菜肴詩咏百篇群律雅歌咸九曲性
情閑清貧亦有生涯樂長在逍遥水石間

題所見

巨口魚盈尺貫腮鬐鬣張磨刀還更㦬無復返清湘

偶題岩腹

石老千秋雲萬壑亭高一片月三更風光物色如相
待白髮蒼顔寄此生

種竹始見新筍

移植青筠只數叢新筍始出小雙虹但令培養侵窓
影會見千竿拂翠空

語老妻

莫厭臺亭太寂寥處閑何似處煩囂食魚猶勝園蔬
味無事寧同世務饒

自誇

無營心慮不羈身有分生涯獨樂人雙耳未聞來毀
譽百年從此老江濱

有意

白日當空天下同群生草木本和中吾身亦在容光
裡雨露炎涼荷至公

出步江干

閑來杖策下江干散步青林白石灘浴鷺忘機浮近
渚游魚為我躍清瀾風搖露柳高冠浥雲過苔岩短
褐寒行自無心嫌懶謾移時嘯咏采汀蘭

順成自家至聞安報

來傳家信喜平安二子同居亦共懽弁麥登場無餒
色菜蔬新長乏時飧原田樹藝長須苦井竈勤勞赤
脚殘老又渾忘人世事賴渠猶可護門闌

五月十五日乃祜子生日不得相見有懷

祜子當年此日生伊今二十九周星正懷提抱劬勞
意欲報洪深恩義情宗武初辰還遠隔光萊斑戲即

難成憶渠愁睡梧臺夜夢裡分明見爾誠

靜坐

靜坐虛堂裡無風薜日暉林鶯遶榻囀山鳥入窓飛石棧閑僧憩江皐宿霧歸搃為忘世物閑眼省心機

更訪梧谷新卜之基有樵夫言此乃古僧思讓所棲云余嘗聞思讓事遂作長言以記之

思讓古豪僧傳名數百載始聞棲此區入道能自晦用力可拔山人稱五丁輩纔懷利世心磨頂亦不愛顧眄佳麗原沃土舊已廢通渠注大川水田宜百代螻蟻民力纖何能成灌漑髪忽奮勇膚切規度內鐵簣大如船斲破孚坤背土石盈數石揮擲若纖塊長溝六七里活波無所碍一朝作膏腴大利民咸戴農夫至今說禹功亦足配嘗過豪貴家雄談坐相對適有乱馬逸飛電莫鼓逺起逐趂風尾大野長旋迴壯龍勢已窮垂頭還縮退羈來返櫪下噴沫渴鳥喙滿堂爭歎息真是丈夫態一去已空寂世出誠難再藤蘿老樹間尚有遺墟在我欲卜此地秋以剃芽刈门前溪有魚屋後山多菜百年可棲遲閑情將不悔

合懽樹

枝々葉々揔懽心懽合曾無別恨深若使雉人知此

樹應須庭植便成林

讀書

溪日山雲欲暮天岸巾流目倚臺邊波橫素練分青野林暗平郊接断烟松影入窓清灡閣竹光侵砌爽生蕊風揺歌扇高吟動更有蒼空月上弦

忽有一蝶撲腮

飛〻一蝶過江限穿入虚窓拍我腮驚散須臾還更集不知誰自化身來

渉灘女呼韻

朝渉銀河暮更歸浪花濺盡織女衣労心惹得新秋

色錯認佳期促下機

魚鳥樂

魚樂深淵鳥樂林我能魚有鳥魚心鳥羣魚隊還堪羨獨自棲身松桂陰

待祜子是日將來覲

兒子朝應發行程何處間青山濛雨色石路皆危難九曲清溪上千重翠霧瀾到來知不晩權喜兩親顔

送老妻還家

老妻辭我出山歸行色忩〻過翠微婦性安知仙契勝但懐麻縷理杼機

歸抱兒孫安宅裡好吹園菜且康寧老夫出俗期難
定千疊雲山入夢青

昨夜與祜子話

不見如今月欲圓相逢喜極慰慈天終宵膝下閑心
事山吐蟾光滿席前

贈省峴督郵鄭君宗喬寓榆川驛 名岐壽

多君作吏隱溪山無事身閑意亦閑林外灘聲來枕
上岩邊月色映窓間遊於禮法能安道起自寒儒樂
抱閑梧谷榆川居住近從今雅契幸相攀

游魚

窓前游泳日相親來入盤中饌更珍愛物却嬉還自
害生平悔作釣魚人

村氓會飲亂雜不可見即書二首

村氓紛野會數十坐斑荊蟻聚因何故蛙喧底事情
分行無少長男女競盡觴禮入淳風滅頹驚我視聽

又

興歌亂起舞醉怒却喧嗔弱走強能逐婦啼老自顛
久成山俗習已少禮鄉親野獸難馴化嗟無用法人

自梧臺還至畸軒押呼韻

出自梧臺趂晩涼雨餘殘霧濕荷裳若非遺世清遊

客便是忘情大醉狂岩月松風投素分门蓬逕草返
吾鄉幽軒蹔對畸翁話曦髮還依竹梢陽

還家再步前韻謝畸翁見寄涼字咏

炎天愁坐憶秋涼幾日金風拂我裳汗滴成醬蒸欲
爛肺煩多喘醉如狂若居蓬榻塵埃地夢到梧臺水
石鄉忽有來詩吟咏罷清飔吹爽洒朱陽

次主倅題朴秀夫蓬塘韻 秀夫名之茂

荷蓋相傾皂蓋來小塘時節墮黃梅清香入酒山公
醉忘却斜暉五馬迴

次誼仲韻

嘁嘁人常苦休休我自多莫為齊瑟歎堪學楚之狂歌
醉裡身名老閑中歲月過暮年空獨立流俗背隨波

奉呈主倅

鈴閣三春賑濟餘羅煩高卧簿書疎空簷晝靜閒啼
鳥記室人稀掛獻魚百里仁風吹草木萬家特雨滄
犂鋤老夫不學澹臺意為近清光好曳裾

謝主倅醉不辭歸

猥蒙恩許羽觴飛鈴閣清樽竹日暉老眠泥醉顛狂
後扶出公门不告歸

雨中僧至

林僧蒙雨至寒衲濕糝肌石骨山中逐梧溪意外期
懸燈依夜宿問法識廬支一倍添閑勝窗前月影遲

觀漲

雨脚如麻昨夜多朝來江口漲黃河翻空怒浪千層
險驚惧如臨宦海波

見一瓢流出卽題

初看一瓢泛溪流始覺桃源在上頭自謂深居今更
淺却思明日泝漁舟

祐子爲釣寸鱗適曳出尺許大魚吾謂之祥也

渭叟傳聞昔釣璜鷹揚他日作齊王汝曰小釣魚還
大謂是男兒事業祥

雲門僧秀嚴来訪

充衲尋真入洞門穿雲猶見杖端痕自言虎踞山中
寺何似梧臺江上村萬疊層巒藏法界一灣流水護
幽園已知俱典塵寰隅暫之憩遊節借小軒

謝充釋来訪

聞道閑僧充閑門虎溪橋外鳥無痕偶然飛錫沿江
路好自来尋暮雨村儒釋莫言殊道義安居猶可共
林園泛今幸與頻還往我亦乘秋訪竹軒

觀漲因愁水災

峽裡長江漲大波奔崩洶湧斷陵阿蛟龍轉石雷聲
動河伯通潮海量多青沒渚田漂五穀白沉城郭蕩
千家水鄉何無災害災自時徑不自他處

即書

臺迥天河近窓開月色寒白雲連几席青嶂壓盃盤
醉睡和仙夢詩馨襲谷蘭悠〻身自遠俗事不相干

思歸

山外西庄是我家小田遥想滿嘉禾一寸歸心知不
忘半庭松影亦婆娑

登棲嶺口占

穿雲度峽路崎嶇瘦馬遲〻行復休棲嶺吟鞭常草
〻梧溪謾興尚悠〻十年來往曽何懶一息勤勞未
覺愁買笑親朋難自悔更期秋月説東遊

次答翼徵姪以詩一絶叙其追慕亡親慰我衷
謝云

汝親平昔好爲仁趾美今多三子身倘使他年能食
報萱花光動滿庭春　右慰勉

家世相傳孝與仁後孫還愧不肖身親亡弟歿長悲
苦頓覺霜凋兩鬢春　右自傷

愧我常無愛汝仁孤兒子立靡依身況今凶歲貧衣

食最念難堪庚癸春　右傷貧

敦行孝悌在親仁朝夕存心可省身餘力亦須勤學
問成功期會尚青春　右重勉

志在經綸道在仁男兒天地有爲身莫安素饑忘斯
世做得董華四海春　右誨諭

如何天意未全仁喪我連枝一半身歲月環回人不
返悲心空見六年春　右憶亡弟

並樹梅菊於一盆有咏

一盆梅菊共含霜梅動瓊心菊媚黃雅趣還從幽契
合靜中相對讓清光

睦太守有約不來

灡庭黃菊映秋臺入室開樽酒更香雙鹿不來山日
暮獨憑虛檻醉三觴

睦太守誼仲家有短律即次

小屋蓬爲户幽居竹作隣使君雙鹿過迎拜岸綸巾

挽李晦久二首

行路相傳晦久亡聽來驚倒太悲傷身名已撤鄉邦
彩家禍胡連伉儷喪福善方知天未定壽仁那意命
無長親朋哭送顚街巷忍見雙輀向北邙

觀瀾院裡喜相逢重爲儒林老作宗景慕先賢新立

廟闡明斯道舊遺蹤從容一夕談懷抱惆悵三秋阻
德容已矣如今悲永訣世間那得更遊從

次誼仲立春韻

蓬心已死着寒灰不識陽春節自回忽見行盤傳細
菜始驚啼鳥喙新梅披衷倚榻盃三把出户扶節眼
一擡靜日暉暉烟欲暖太和佳氣入身来

壬寅臘月晦日夜咏

八指衰齡八八春明朝驚却又逢春老梅猶自回新
意霜鬢如何不再春除夜只須然蠟燭閙年更可醉
花春曉来妻子起床下拜獻阿翁百歲春

賀春地主

敬趍鈴閣賀新春登席仍叨座上春後爵廚嬉頭戴
雪先酡却羨面生春映中風色来和氣窓外梅心動
早春休向漢城歸意從驄留南國太平春

奉贈省峴督郵姜正吾 名恰

聞道山中起逸賢還從隱吏養衰年謝客何曾嬾老
伴新春策馬訪藍田

聞睦倅有歸意奉呈

隸黃驄繫嶺南州簿牒盈前幾掉頭歸意已從狐夢
起宦情還與片雲浮蘇殘惠澤方無盡含感軍民隱

有愁春早峽中寒尙在送時和煦可遲留

春雨

細雨新春夜隨風乍有聲乾坤噓大氣萬物揔含情

歎事神

二氣之中百物精爲神爲鬼悔還貞本無邪妄干其
正一是良能暢乃情疾病憂愁非所使死生窮達豈
由成倘令君子知如此不有虛堂金鼓聲

贈別睦太守

無限春風遠別情那堪把酒問歸程紫溪流水清如
鑑留得賢侯去後名

一遂聲中歸意催漢城千里首空回東風不解分难
恨吹動官梅乍欲開

次誼仲聽琵琶韻

何處仙童至琵琶終夜彈高声挑雅興妙曲發清歡
桐腹連龍管蚌胎落玉盤更聽嘈切響松韻爽幽欄

次誼仲贈金瑞韻 元韻中有鳳翁之嘲云

雨聲連暮色村柳合春陰雀噪眠何穩愁來酒更斟
詩人嘲鳳德行子駐輦音擬趁新晴後衡泥訪竹林

贈送金瑞赴司馬會試

東床寵餞把三盃西笑茲行抱異才駐馬龍湫春賞

之聞鷄鳥嶺曉鞭催文圍白戰詞鋒銳泮水紅蓮玉
朶開健捷應知名第一天門洽受 聖恩來

次八齋書院諸公韻

天作名區地不藏先賢卜比養文鄉千秋廟享神如
在大道淵源一派長

松竹林中一廟藏巋然景像魯鄒鄉青衿濟濟齋明
日懷古還堪感歎長

謝不赴院儒飮福請坐

兩班楊生拜揖難自從衰病廢儒冠黌堂不復趍文
會多羨摩賢醉杏壇

癸卯四月初七日到溪亭記夜夢

月隱西城江色湮漁燈明滅隔汀烟一眠初覺成遊
夢身在梧臺綠水邊

馬崖古松枯死歎

百丈層崖上千秋有古松蒼蒼霜後色落落雪中容
斤斧傷伊在天年老自終枯査空索莫翠盖失前峯

偶題三首

閒闢山河古園林此地深漁樵忘世事白首養閑心

又

踈雨打窓紙淸風吹褐衣孤棲眠不得蓑笠出漁磯

又

垂釣倚岩角江干欲暮時白鷗浮近我惠好共心期

語防川者

截塞清川導一渠灌田功利爾誰知愧余謀食無長
策虛對烟波好釣魚

次郭道大贈李萬里休官韻 名溟翼

早辭名利世無人皆道休官格匪眞萬里揚聲翰苑
日三朝寵渥廟堂身知足幾年便泣縣掛笏今日亦
榮親故園桑梓渾依舊彩舞將多百歲春
自笑明時虛老人謾將心迹托仙眞慝顏豈識終無
命纓契還差鬢許身恨我居家非孝子羨君便邑養
慈親曳裾幸無生平累長對青山七十春

梧臺朝景

洞雲開朗々巖日靜暉々江色連林碧風光入面微
心清無俗累氣正識天機勝裡耽朝景臺邊啓曙扉

次誼仲送我入梧臺用內外韻

緩馬垂鞭又向東憶君應見吳州月松壇日靜翠陰
濃剎得雉愁獨坐兀

寄贈畸翁

山雨無風洒客衣遠穿林路促鞭歸登臺斗覺仙緣

近倚欄心知俗事稀入耳清琴松籟發滿階新雪柳
花飛誰將恵好同棲息都恨畸翁與我違

寄蔣叔藩

泳渚銀鮮登晩網瀰篚松釀肴初醅溪山此味誰同
樂邪有閑人訪我來

排悶次杜韻

蒼壺環遶碧江廻谷裡依林小社閑人閲歲華閑自
老鷺翩波影倦飛來細風涼處空回首斜日紅獨上
臺爲解心顔長攬物暮鴛何事有餘哀过

新成小舠

揮斤刳木小舠成始泛長波一葉輕夜泝天光疑上
漢朝移帆影欲登瀛弘濟未能還自濟世行無計即
溪行虛舟身世在江渚空是悠悠老此生

狎鷺

獨坐誰閑伴江洲狎鷺羣去來知有信晤語若相聞
靜立難分石低飛不礙雲忘機同住着物外絶塵紛

瞑

叢逕夕將暗江扉烟欲侵石灘漁火亂林谷水声深
宿客憑仙夢風松動古琴山村知遠近處處聽踈砧

送清上人還山

一僧来訪我三夕爲淹留靜夜玄談罷清晨別意悠
錫飛林霧外盃渡石潭頭後會知何處金風萬歲樓

暮山愁

暮山烟景反生愁閒寂臺邊懶擧頭有約不来空悵
望無人相對獨稽留残燈影裡依孤枕流水聲中倚
半樓只喜情踈塵世上闲飛闲往一沙鷗

題臺頭坐石

臺頭一斤平方石獨坐清晨兩眼開身世超然仙界
上遊心萬仭白雲間

癸卯五月十日夜夢感

邃然一夢感先靈覺後悲哀變涕零恐是孤兒誠孝
薄冥中嚴訓尚丁寧

次雨不絶杜韻

朝無新旭夕無曛簷溜泠〻竟日聞土潤空階苔暗
〻溪濺〻小岸雪紛〻幾愁沉竈難燃火苦憶晴天未
卷雲多病只緣霖霪久吹疾彌月廢詩文

梧臺次贈朴敬伯韻

從前有約馬淵漁携酒東來趁月初雅興應知耽水
石清遊不獨食鮮魚松壇爽氣吟詩處雲壑寒光覺
夢餘淹日莫須歸意促滿襟真趣共樂於

癸卯至月二十、日乃 先妣忌辰而家中以
疫患不能設祭遂至梧臺畧伸情事

溪堂丁畏忌七日廿安閑子道情誠內慈靈夢寐間
粢盛負自薄拜跪老愈艱追慕難如意終天淚滿顏

謝誼仲汝彬冒寒來訪

凍風吹澈薄衣裳寒結畸翁滿鬢霜有信不辭哥光
伴無私却喜吐心腸三盃臘味來隣舍一款詩情繞
墨庄後會還從除夕在共鞭羸馬訪山堂

甲辰元日感懷

生平每恨甲辰年此日重逢悲更纏不孝餘生曾未
死九秋將棗痛終天

山堂除夜後元朝次誼仲韻

天地初開萬古春頭邊歲月袋田新化翁便能生和
氣時節仍知屬令辰窓外梅香經眼動樽中臘味把
盃因蓬坊一夜爭權誰只願年年此會頻

次誼仲韻

化翁初律自調元洞裡春烟抹一痕梅塢始看新玉
骨竹窓驚覺舊詩魂荒庭久久閑人至老樹空多夕
烏喧賴有佳賓傳錦牘燦然光彩動幽軒

題遁度寺

鷲嶺翔舞出碧虛盤環峯峯勢扶輿壑藏古刹知通
度洞有深湫蓊梵魚王拜石岩門外先釋迦寒骨塔
中居無風橋上閑來往爲愛溪山似適廬

辛丑仲冬記行一百句

聞說鷲棲山岧嶤海西頭壯勢自雲門屹與圓寂仇
中有一小縣形勝稱名區生平愛山水欲頠此地遊
超然逸興發理策將東搜熊嶺路逶迤杜谷村深幽
日午朴店舍罷倦我馬休雲水亭墟在物色今尚留
小市聚螻蟻魚粟爭相酬三足堂無主百載水空流
暮投新村宿仍吊元君憂親舊十餘人會話情悠ゝ

葉十

朝登綿嶺峻俯臨恒沙周法界何清靜雲霞幾千秋
過溪入禪門梵宇多新修壯麗甲梠提若躋天上樓
岩月明半夜清光透殘衰仙客閑玄談知爲真覺儔
鶴夢曉初醒寒鍾動浮丘塵蹤不可住歸袂辭龍湫
探鞭三岐外客興成歌謳陰谷踏氷雪層崖學猱猴
長松直千尺森立能蔽牛幽樹多美村乱石皆琳球
歇脚石溜下酌玉潤渴喉攀蓁上加琵半天騁雙眸
東濱横遠望蒼波浩無洲蓬瀛在何許直欲放輕舟
眼底羅衆山断續如雲浮壯觀固無前頓覺膈襟優
夕暉迫西岑危途行已遒椽賁滿壑谷年飢此可收

顧語同行人春貧宜自賙促馬歷村落樹竹處〻稠
暮抵愚老村閑居知是疇金君真雅士我女承好逑
入門諸孫驚牽衣滿庭隙却走報阿母出拜先悲啾
扶我升中堂歡喜問安不十載隔顏貌夢見然相求
汝面生微塵我髮白如鷗呼爺非舊容仍知母亦侔
酌杯慰遠行滿盤羅珍羞兒童列坐側次第為剛柔
三男皆俊秀二女亦嬌婉方知骨肉情願然安可度
亹〻聞談說老病還自瘳却將久相思永夜連衾裯
親愛自不窮數日仍逗遛喜汝無寒飢慰汝幸免疣
只惜意外患乇作拉骨髓世道條若此豈是在己尤

神明固有知扶佑福所由樂土倘遠禍百年好夷猶
緣我有家冗歸計嗟綢繆花春期再至告別駕我騶
歷尋岩川勝名基是擬鄒前野可耕種後山宜薪蒭
天作以遺君俾不羨公侯鷲嶺亦靈異永是民人庥
孕秀應未少才子多文彪移時良晤罷起向古寺投
影度無風橋濯塵臨清溝緩步入沙門殿光翻綺疏
一片王拜石羅王奮髑髏始登氷閣上舊題虹梁脩
水碓舂氷壑鐘聲撼簾鉤客宿燒香夜魂醒報更籌
早起扶藜杖僧披入定幗為言釋迦骨石塔藏王甌
退之既不救異教自中州舊識大成師坐看硯上鳩

相逢還惜別別路風飈〻出洞謝二童不復停行輈
衆芳入淚眼懷人空悵惘遺臺無把釣古田誰耕稷
寂寞何山裡淒凉土一杯馬愁石庄險脚跕姑射探
千峯圍作屛一水清如油石棧行薄暮麏鹿鳴呦〻
昏黒入山村民淳俗不偷舍余石室中爲余炊宿餁
朝蕟出林谷溪渡凌氷𨅊紛〻碎玉盤戞〻鏘鳴璆
懶鞭竹院前列峀擯戈牙疑川信雄府山水成羅幬
直渡岐㵎灘塹憩褕川郵夕訪伴琴窩侍我忘貧窶
從容中夜話意氣同優游歸來卧壽村困悴䰰咻〻
此生何草〻天地一蜉蝣千里遠周流快若脫拘囚
悠然憶鷟棲玉簪眼中抽卧遊雖可樂誰復掃紈紬
侍得花柳辰更欲荷衣摳猶恐塵世身外物作心蠡
晨夕省一已恍若乘浮桴廣將養精神冀免波上漚
怡然坐幽軒對月彈箜篌無語紀行跡一紙萬景裒

獨坐院齋待人不至

深院無人獨坐時一庭踈雨草離〻亂林啼鳥愁將
暮有約不來空自遲

稽郵姜正吾示以其友李晳七律仍次其韻

閑卧郵軒枕古書作官還似野村居青筠爽氣秋山
裡白首羈懷客夢餘自悼頹齡縻薄宦誰知老驥守

空閨晩交幸托幽情處淸夜氷輪映碧虛
聞君大志昔圖南光燄終難吐所含世道經綸期展
一殷家聘幣未辭三繞嫗竹館炊紅粒轉向梧臺釣
碧潭風彩自多林壑趣好從山叟聽閑談
新交共許暮年中一見深知意味同德祖嘗從稱義
氣洪君能興樂貧窮把酒不是風塵客饕拙猶如草
野翁令德淸名起末俗寂歛心迹踵先公
新秋策馬䡖相過對語從容意若何爲惜年華空舟
々共憐霜髮白皤々生平志氣看書劍晩節衷襟寄
詠歌倘使餘齡俱百歲茹蔬被褐老無痾
聞說高人卧碧山根無淸範一相攀正吾沫口人無
厭知子藏身鳳未還志切憂時空撫掌忠深戀主有
凋顏湘潭何處頻回首叵耐追從淚自潸
崎嶇世路西復南行子紛々有二三得意英豪誇令
譽忘時病客謾淸談靑山綠水須長老白髮紅塵我
自慚物外遨遊吾所適蘆花秋渚正毿々
忽々光陰駒隙過沉愁欲洗倒天河殘年老不能行
世凋轍魚難更泳波贏得一區林寂寞好尋三逕迹
婆娑聞君遊宦多煩惱與我投閑性分何
同宗方伯再用梧臺韻以致欵厚之意余亦奉

次以謝 方伯名尚真

憶曾華閣垂憐日　憐我浮生老更孤　门彩還多親睦義　感深春雨潤枯梧

忠孝家聲自世傳　相公名譽薄雲天　嶠南宣化恩兼學　爭道當今濟世賢

元韻

有意紛尋俯世誼　多情談笑慰羇孤　恰似沉痾投秘藥　向來疲痡賴枝梧

吾家世德太師傳　肇自千年歷代天　賴有當時功業盛　嶺南今見遠孫賢

奉次方伯韻

為國輸忠盡　匡時用智深　聖朝行道日　饑歲活民心　俗自觀風變　親從睦族尋　甘棠詩尚在　思古正知今

余訪省峴瓏门前一條垂楊正吾自言其先大夫嘗為此郡時手植而今過三十餘春常多感懷云因詠一絕以贈

一樹垂楊古驛邊　昔人封植問何年　閱春三十君多感　先子風流鶯語傳

晴軒架松簷有詠卽次其韻

簷短常嫌易夕陽架松還喜小軒凉岩爲遮却中宵月霄漢無緣望玉皇

送姜正吾之任山陰

會稽泉石家清奇曲水流觴想舊時君去須多公退暇羣賢隨處問羲之

謾題

自從愁病詩魂斷不復吟哦覓句新簷外瘦梅還共老空將歲月占初春

甲辰十月辰巽之間有異星出白芒長十餘丈尾遶西北至月芒漸短立于梅將人皆謂非祥也曾見萬曆戊午有星災如此而短如一竹篇其年胡變始起今不料有何災也

世間何事影蒼空十丈星芒掛白虹却憶弭災惟一德葛荒直欲籲天宮

次竹翁要余山堂除歲 (甲辰)

問余當世是何人虛老長嗟鬢似銀分定生涯今免許閑多歲月又將新行年屈指知稀古餘日閑心喜入春強欲蓮坊除歲意不徒迎壽爲遮塵

奉次地主贈梧全韻二首

歸卧林庄送暮年自將身世近仙緣千岑翠色侵窓

葉一水淸光映屋簷蘿徑畫行松蓋偃石壇宵坐月
燈懸使君來作尋眞客濯盡煩襟九曲川
靑眼重逢白首年深情尙帶舊良緣芳樽共把盃斟
月秀句爭酬筆似椽皂蓋逍遙雙鹿護黃堂閒寂一
魚懸先夫知有爲泯樂淸邑今如古潁川
并州困頓旅遊年誰識鼇山佩綬緣草屋當時蓬作
戶鈴齋此夜燭如椽交情宣向明知契分義還從貴
賤懸尙有相隨林壑趣倫閑亦自訪雲川
自幸浮生未死年政爲良友合簪緣君拖紫綬官三
品我卜靑山屋數椽榮悴縱殊情不改存亡忍說淚
堪懸莫辭皓首長相對好是魚隊泳一川

輓李禮仲

我與梧溪君巨淵然年同卧薜蘿天好隨雲壑隣耕
叟長占烟波倚釣船花塢春風琴韻動菊庭秋興酒
盃傳爭勝負賞成深契共抱閑情謝俗緣皓首相從
親義重靑眸頻覺道交全俄驚竹社摧殘樹不忍梅
窓罷玉絃林路遊蹤今已沒山庄物色更蕭然午橋
無復飛驂鶴子晉空懸化夢仙雅度淸標難再覩斷
魂孤魄最堪憐幽明遠隔音容遠悵望新阡泡淚泫

乙巳秋撤郡客舍還達舊基甲坐庚向上樑六

偉

兒郎偉拋樑東旭日初升玉宇紅萬古山河新霽色
長留畫閣綺筵中
拋樑南華嶽崢嶸帶碧嵐最是名區形勝處憑欄指
點兩眸貪
拋樑西古城殘蝶鬪紅霓角拜催畫休民吏郊外炯
生樹影迷
拋樑北廣野蒼黃盈黍稷樂歲生靈鼓舞很政知東
土昇平域
拋樑上半空聳出觚稜壯星臨溪田靄雲低白玉城
樓空悵望
拋樑下錦屛瑤席清無夏幡帷傑戟好淹留公務時
之成一暇

奉次尹地主韻 丙午九日時地主將休告歸家

相逢莫道各衰年只卜餘閑一已便鈴閣夕陽行旆
出竹村九日坐詠連三盃醉後題新律五馬歸時帶
暮焰還惜洛城千里別伴春懷思共悠然

偶題

年來老病與人疎僻地荒村閉戶居案上詩書推作
枕懶眠終日夢華胥

戊申七月登紫溪書院詠歸樓口占示院長李誼

仲 樓乃院長新作也

夫君刱智好周旋樓制新成柳影邉學舍增輝淡道
地儒林喜設講文筵平原十里清光近列峀千重翠
黛連三度来登多感興悠悠世更想詠歸賢

戊申九月十日 先考樹碣告詞

伏以殘子不肖無孝無誠終鮮宗族孤苦零仃幸蒙
眞佑尚保衰軀家于舊庄爲近先塋原跡松栢隧迷
荆棘樵牧日至護守雖力春秋拜掃悲淚滿目仍恐
後代塚沒叢薄有謀表墟十年已積綿力僅成短碣
數尺既竪 祖墓母墳且植薄畧無形銘不悉蹟嘗
云具備只設床石不用趺臺盖有意度樹根不固易
致顚覆植地堅等雖云草率萬全悠久或未傾側千
秋萬世章殘字缺斥石猶存可辨塋域若有後孫時
或磨拭某墳某祖因茲可識地中英靈庶無所憾畧
伸情事伏增追感

謾題 戊申冬

凍風吹徹弊裘身病蟄雖房兒作隣七十衰齡殘魄
在三千丈髮素絲新人稀積雪門前路月照虛堂席
上塵孰有情深親已友時傳一字問吟呻

里有勸農里正有司三人督稅甚嚴里正胥被杖
以夢贈方冊而名作少下此點俗一字

對勸農里正有司有歎（三人杖胖折骨來隱隣家 童奴被拿悲號云）

斗室懸磬長啨哀廚烟久斷鼎生苔官倉七碩徵催
惡里正胥三人早夜來溫語歷陳凶歲事怒髯披視膝
胖摧童奴被拿悲號㳟朝餞還為剝割災（特朝鼓有督納之叩令）

久聞潁川寓居申省吾詩名而尚未顧蓋戊申
季冬十一日感夢與之友李思叔共在何許高
堂時秋雨疎疎窓外菊芳簷前果熟忽有一客
揮鞭叩門（思叔）出數客趨進巽如對席而坐始通姓
名乃申省吾也為相致款移時談笑俄而告別
朞會于梧溪覺後仍題八韻以記

高堂秋雨疎對友娛琴書有客揚鞭至外階遑翼如
飄然好氣像洒落出清虛拜手酬名字開懷說寓居
曾聞詩作伯今幸坐連裾園外菊芳動簷前果熟初移
時仍告別還向山中廬覺夢忽相失悵望重起余

夢贈申上舍

當世能詩大有詳幾驄奎彩此心傾高堂邂逅間談
笑宛若丹山老鳳鳴

稚孫戲問

霜髮被腮帽壓肩楞然貞壁畫孤眠兒孫戲問翁何
事哭盡人間七十年

答雉孫问

無才無德自無爲非悪非賢又非癡居然老盡蓬廬
下不羨他人少壯時

謾書

堪笑魯連何太愚帝秦天下不須虞豈如我醜當中
國禮義東邦尚事胡

賞梅有忢

西嶺風豪落葉多凄凉景色少薰和老梅猶有南枝
意細吐葭葩好經過

有闻宋相嘗繪過渊書院題名尋院録自註
只謁寒岡先生而去云抺士非之有使氣者遂
削其名特人甚鄙之至有查出之舉噫宋之
行身殊無大相之度而自取其過失也歟

一廟斯文道有宗何人側足托遺蹤刀頭大相蓋名
姓作異中情兩不恭

乞人歎

门外何人久逡巡高聲倚訴艱辛主翁故遅捐外粟
凍雪侵飢頓足頻

偶書

世事何同異人心謾是非耳聾此病叟落莫無闻知

朝起獨坐有僧來話

冬日暉〻朝在房幽人獨坐對清床精神寂〻無邪
思氣像休〻省義方世上榮名曾不識山中逸趣固
難忘有僧來說禪家事猶勝吾生老俗鄉

晏起

朝起晝囪野日高竹霜消盡鳥爭嘈幽林始覺春聲
動暖被陽和裡弊衾

夜咏

布被木枕荒茅席獨卧寒宵靜未眠收入丹心方寸
裡遊魂不出禮门前

自省

性情揺蕩須存养一氣湮沉可叙長萬理皆通精察
處還從体用識圓方
吾道真源在一誠萬殊亢自這中成人央化物無彼
此要須識滑最精明

有孺子問於有道曰日月東出西沉環回地底
復自東出乎對曰然復問曰若然則地底亦有
天地而日月行焉地底之夜為地上之晝地上
之晝為地底之夜否對曰豈有是理哉孺子曰
然則有穴貫通地底為日月出入而一歲三百六

十餘穴一月三十穴否對曰亦豈有是理哉孺子
曰地底無天地底無穴則日月何從而出入乎有
道默然無語孺子曰太陽之精始生寅卯終盡於
申酉太陰之魄始生申酉終盡於寅卯為一晝夜
之道此以眼覩而言之其理似或然矣今陽氣自
然成春夏陰氣自然成秋冬非自地底而來非入
地底而去惟是二氣之循環不窮而為日月之升
沉晦明之理也否耶有道亦默然無語求其理而
不得則孺子仍以一絶記之云
東出西沉環復來陰陽至理識難該始生寅卯終申

二七

酉明暗乾坤闔與開
孺子問於有道曰朱文公作家禮節文而何不
言短喪之制乎有道曰文公豈不明其家無二
尊之意也斬衰齊衰有異苴杖削杖有別菅屨
疏屨不同其他喪制之區別居多而三年之喪
則同矣誰復特為短喪以朞之制可傳於後世
也夫子曰汝安則為之亦可見聖人之意有遂
以一絶解之
孝子無涯父母誠家尊亢自二儀成斬齊喪服分差
等誰識文公制禮情既衰去杖緇笠素衣出入如常是則撤其几筵短喪之制使然

戊申冬祐子以事往花山久不還

花山行子雪天寒瘦馬殘僮道路難長倚門閭遥想
逕言歸殘月我懷寬

戊申年夏秋大旱民食甚艱至歲辰而無閭里
之歡皆怨朝政不調以致天灾云

朝政多愆召殄頻可憐無辜彼生民忍飢羸老長嗟
怨閭巷蕭條慘歲辰

贈人

無衣寒逼骨絕餒鳴腸卻自休思慮怡然臥草堂

國朝設科取文武士咸聚京師者文士千餘人
武藝二萬餘人而只取文科十三武科十二有
司且無公道落䁥者憤恨備說凍寒數月留京
辛苦之狀即以二絕贈慰 戊申冬

文武掄才在試場榮華一世信非常 有司胡奈無
公道空使羣英憤恨長

勝己爭趨名利場英雄自古用爲常抱才不必終無
命知有鵬程萬里長

燔石

慶州北村杼谷林麓之間有積石阜自生火
燔石燔如炭經月不熄人皆言去辛卯年

此石火燔自秋至冬明年壬辰有倭變去丙
子秋又燔冬有胡變今年戊申冬亦有此災
未知將有何驗也火能燔石乃理外之事變
恠非常然倭胡之亂適在其時人或疑之豈
必石火之致歟乃以一絶記之云

季世何多理外灾熘生頽腹爛如煨倘為玉石俱焚
禍誰捄崑崗烈火灰

除夕 戊申

殘燈影裡獨棲身守歳無眠坐到晨户外桃符因古
祝山中日月又新春人情有喜來佳興天道回和啓
令辰只惜衰翁逾七十青陽空羨少年倫

元日曉記三首 戊申己酉曉來盡

儺鼓聲停聽曉鷄歳星初轉縉雲低兒孫為獻阿翁
壽栢酒盈觴拜舞齊
門外清晨笑語喧村隣競至賀新元老夫驚覺添衰
謝八十前頭一紀存
少年行樂歳時多幾處盃樽醉且歌衰癈只今無喜
慶自憐身世夢中訛

答人賀歳

莫向老夫稱百歳來前三十即須臾曾經七旬已如

移入附錄
中似好

夢只願餘生大限無

咏早梅

梅塢春初動南枝欲放花經寒含苦節映日靜奇葩
素艷貞娥媿芳隣處士家巡簷仍索笑幽契最堪誇

記夢

夢到幽居草屋墟王盈梅竹沒荒除吏逢詹時青娥
伴正是蘭囪月滿初

謹次隣字四韻無字一絶

鄰屋閑居一老身千竿玉槊好為隣土牛已出三
時近害馬都捐萬理新栢葉尊中濃有味槃芽盤

正元李象遠李奇軒老士

上細無塵初亢璧月堪同賞梧叟寧無惱若呻
以鉄為门生有限百年浮世捴須臾吾逾六十居
逾七不死長生倘有無　李濯沖

立春 己酉元月四日立春

東風始扇發初春百物含情捴欲新代謝之中人自
老還從令節便傷神

春和

上春晴日始遅遅節啓陽和屬泰熙渾是太平天地
氣生靈樂育聖明時

孫孩傑三六歲時學新增類合至織衙二字问

曰此二字何義余不能對卽題小絶三以奬之

我不居官職〻事何嘗知汝長自當識登朝輔相時

又

天賦英奇質聰明在幼年能知問職字祖喜益無邊

又

我家衰已久汝可更榮昌自此光门祚休祥世〻長

與朴鳳瑞話詩

老病惱春寒重裘伏枕席客至拂塵床談詩日已夕

戊申秋東殿疾甚幸愈冬設慶科庭試旋以無
、公道罷榜

龍騰虎躍大庭中文武新榮聖渥隆却恨丹霄金榜
罷天花剝落桂林空

感懷

省識吾身世還驚一夢虛壯心空老魄生計但蓬廬
對案蔬羹冷穿衣織縷疎陶然安分命寂寞閉門居

祜子自醴泉還聞余少時知舊已無生在云

襄陽昔日大堤邊花發春風月出天醉裡高歌行樂
伴幾人今在峴山前

夕日

夕日穿窓隙金光熨卧牀漸移書帙上因過酒樽旁

極行書之下倣此

便向裏容促遝從暮色壯蒼茫初入夜明月滿春堂

謾題

萬事要看一理中便從心地自相通只須誠實無他
歧主敬方知最善工

手植庭前杏樹纔長數丈

文杏栽培兩葉初纔經十歲欲陵虛滿庭應作千尋
樹自是瑰林異散樗

嘗在崇禎辛未紫溪書院刊濯纓文集今幾三
十載刓剝已盡戊申重刊而曾無序跋令往來
京洛之人請于當世秉筆之手人也誤托宋尤齋
而得之尤齋乃時輩所尚而其所行世頗爲南
人之所羞文又欠缺多疵不可弁首而遺後也
即以小絶示于幹事之李誼仲云 己酉春

作文非好手尊道豈同心取舍須相審明言在士林

又 身居草野而志睹顯位儻與滿朝懷私作異權勢旣固世皆側目士論咸憤烏可取其文哉

時議分邪正人情異西南莫令尊道地空被世喧談

又 宋公嘗誤國喪服制邪議一定正礼遂廢南士咔天辨明反以邪淫不正斥之皆出於宋之門徒又以私黨舊怨深斥先賢於檜淵之廟自不知悔悟未料後世公論之如何也文集之序有不可取矣

次二友堂昆季 己酉元正扶節徂訪敬伯昆季仍又提壺送我共至水心亭

荒村春日感衰吟強策枯節訪旁兄還荷一壺來送
我水心亭上夕陽明

附元韻

人睨新元更少吟此語方知試吾兄扶節十里能
相訪感極中宵達曉明

右朴敬伯

[illegible]且丑男朴守君所等也敬伯昆

昔人遺迹水心亭芳草堤邊細浪平[illegible]
憶泛鳴飛鷺旧春[illegible]

次竹翁韻 己酉四月

世人誰識我為仙縁在塵寰謝俗縁終日警心宜靜
默達晨深省少沉眠從因擺脫無關事反是虛空不
難禪經過七旬猶少壯彭翁八百可齊年

次送淑上人

氣含明月三秋爽身逐浮雲一片飛問道曹溪知滅
寂滿囊禪葉詠詩歸

述懷 己酉

皇明萬曆中歲序屬黃豬孟夏月之望即余降生初
幼依外王父宅相承虛譽六歲為孤兒子立哀蹐踣
咷咷弟與妹共牵慈母裾舅氏視猶子早暮勤吹噓

提撕攙句讀閱盡諸史書家本久財資生道如窮魚
襄陽大堤邊廿載愁貧居外傳就東湖庶欲昏愚除
繞逾弱冠年鰲山返舊墟孤苦僅成家知承舊菑畬
先隴奉香火情事初何如子毋幸相保弟兄無爾余
科名早不成堪羞才藝疏壯志舊題柱豪氣今何迴
有司誤薦闈棟擇非璠璵一命忝江恩流慶先人餘
惺惧不敢久歛迹還窮廬自知微分逾名利付著處
窮無養老計梧溪事躬漁生涯當食力田園且自鋤
肉食固難謀白首甘野蔬婦夫尚偕老宜家咏関雎
却恨家不造鍾運多險巇癸巳感風樹三年哭麻疏

七十六

草土未死身遲依志何舒一夕荆樹枯同氣忽分祛
衰顔淚生痕短髮雪滿梳幽庄水石間歸臥其虛徐
到來老雲包生平夙願攄山水最闊勝犀仙可相於
自有終老天景物隨時儲白鴎堅一盟吾友樂只且
廚兒供時羞鱸膾無菑蒞絕意人世上洗心臨清渠
用世非異材荒林宜散樗悵望雲霄上窮腳多越趄
百歲還自期一夢奚遽遽淨操無所累秋水濯芙蕖
時來雅興至遠岑度籃輿誰肯浸我遊石路鞭蹇驢
漁翁與樵夫渚柳且岸蘆優游嘯咏邊一樽浮玉醑
淡泊舟府中俗事寧紛拏獨善很素願吾道堪歔歟

昔我太師後斯文樹幟旗先業自余墜姓名困泥淤
賴有二阿兒庶可賁門閭舊業只墨庄家傳書一車
顧我旣抛棄還將爾付諸余季倘不懈父意亦足歟

賞葵花

爲植香葵緑玉叢數莖森立小庭中參差露葉當簷
淨燦爛晴花剪錦紅向日曾從原草異含風自與谷
蘭同臨軒愛玩貪朝暮最是天然造化工

己酉孟秋十七與諸友對酒敍伯之二友堂醉
聽琴笛仍憶旧時同遊之伴遂有存亡之感誼
仲先唱一絶滑存字余即次詠

良會清懽多此夕新秋白月映芳樽旧時琴笛還相
感七十餘生我獨存

己酉歲邑宰俞公作郡城西門樓秋八月望日
會賓朋設宴台余登席酒酣懽極夜央而罷余
口占一短律（邑宰名棧 樓名撫懷）
山河千古邑留典此樓成一水分平野青巒繞小城
盃樽閒勝會琴笛動懽情更有長空月向人終夜明

抱次孫後三（生吉而賦之）
先人積德舊已敎流慶方知後孫再抱英奇在双宝
玉定應亨運鍾吾门

己酉除夕夜詠

八十年中老病身朝驚却歲又新柴門廢絕人間
事只對花鷹慰心神

元曉

曉雞初唱老懷驚坐對寒燈聽數聲子婦携孩來賀
歲欣然却慰此翁情

挽朴大来 名昌徵

老病垂死李慶叔強題哀詞挽大来〻〻生世挺英
質名譽頗特稱俊才儒雅傳家文翰富精明守己精
明該我嘗愛君若親戚君亦待我多切偲哉惜沉淪
未展布猶憐忠氣空冤霍松湖放迹生涯好靜裡安
身塵慮灰痛眉胡然天不佑悲傷使我情難裁仁人
孰謂至斯極玉樹那知奄忽摧况忝交遊父子際思
玆連年訃聞哀滿庭芝蘭摠是茁餘慶應得慰泉臺

春事

一氣回春意三光啓歲功穡夫思雨露蚕婦問桑叢
朝政便農務天時卜稔豊齊民須力服藏粟富私公

朋會納清軒用以春柳玄琴纖歌玉笛金盃賓
朋月色吟詩八事合作四韻律屬余卽成 呼韻

天氣晴熏綠柳春高堂列席對朋賓玄琴妙曲纖凝

韻皓䶵歌屋起塵玉笛聲豪搖月色金盃醉盡見天
眞衰吟此日知難再惹興吟詩一律新

賞早梅

萬藥經寒苦節全丹唇巧破笑嬋娟氷魂玉態含春
意細吐清香月下傳

書懷

夜深燈盡苦無眠枕上愁多悄獨然八十殘年塵世
客化身安得作飛仙
野屋蕭條晝掩門庭梅園竹靜相存看書只欲叅心
契對案還嬉兩眼昏

梧金夢憶

山水生平樂梧全二十年苔磯烟雨蒲松閣月岩邊
褁謝人間客分明夢裡仙春風花柳色空屬寐寥天

春望

乘閑步出小溪邊倚杖郊野娟細麥芊々青浥東風
露垂楊裊々綠含烟惱春桃李花初動浸水蒲茸筍
欲穿覽物高吟多逸趣却忘衰朽八旬年

春詠

閒巷春晴白日長幽人睡起倚清床一庭梅樹花如
雪簷外風傳細々香

夜詠

寥閒春宵月可庭翠松移影浸疎欞襟懷澹泊神閑
靜一氣和平養性靈

自省

點數生平事曾無屋漏羞飢寒知計拙賤陋宜身左
守靜存吾道居閑少世憂年高七十二猶自學前脩

漫題

林壑閑居一老身朽然獨坐對晴春滿山花發斜陽
外誰唱纖歌漫惱人
清宴平朝一氣新僻庄春日養吾真花開草綠多心
賞況恨無人共此辰
清囱晝靜一眠成夢入華胥營世情覺後遂驚猶俗
累更將心契按仙經
方寸胸中萬古心虛靈正直少湮沉莫令外物窺舟
府自有天君儼若臨
形骸雖老未老心康壯精明逸不沉願英豪年與少
伴卷山高處迴登臨
世事悠悠哉變遷與笛空屬羯胡天孰能奮義脈中
土重見東邦再造年

雜吾園集卷之二終

吾友李慶叔氏自少爲文尤長於詩雖弄翰戲語
率然而作不費用意於嘲風咏月豈是雕篆組織者比
歟早謝科業築小亭於怪臺石角即雲門山之峽口
三足堂之下流一脉流泒似有所自奚翅以特地爭勝
爲稱也哉余以爲尤爲桂溪主而扁其亭曰鳳棲吾以
鳳翁號之可乎鳳翁笑而不居自謂之非鳳此亦卑而
自牧之義歟鳳翁得此雲水之鄉非無長往之計而向
來親老家貧勢有所掣時雖未隱臯而收斂每自
役鞍而濟勝距其家半百里來往陸續而不以爲疲
苟非癖於山水之最者烏能如是乎其樓雲侶魚之興

樓月楊風之觀悉爲自家趣味當其優游玩愒之時識
多霏雪寶唾之可觀者而然猶漫浪吟罷不褒錦囊鄉
地黃金人所共惜韋其癰子祜徵德古乃克肯者也慮其
椿府之作一字隻句泯泯焉無傳收拾而珎藏者有志
于今日粧潢數卷子楷正繕寫並長短律而計之則近數
百篇筆役甫完鳳翁取而視之猶然而笑曰余詩如談龍
而未能其肉汝欲以畫符而壽傳于后揆以爲子之職則
可慕而恐爲具眼之笑因何然不出家而傳吾之子孫則
庶乎其可也仍命其名曰雜卉園集又以一語弁于首其義
則自序之文可見嗚呼園中之卉芽甲茎蔓不一其種有

敷榮而露天機者焉有抱芳而惡孔揚者焉各自稟生生之理而得造化之氣者鳳翁之詩聯篇累牘態自不同有若百卉之各有其天者然茲亦取是而為名也歟此非鳳翁自為誇張之語也而曰其名考其實則允副於比況之義倘所以名其集者是耶非耶若時少於鳳十歲而義同天倫相與遊從酬唱有似乎塤篪之相和亦於集中可見矣知鳳之心莫如我賡而和鳳之吟亦莫如我之多焉今當獲觿之後可無續貂之譏耶仍謂德古曰嘗見君大信修正先稿以為傳家之寶而子聿追其志謄寫此集乃為襲美聽芳之具吾鳳翁有子矣乎凡父母之巾屨佩鑴為子者尚欲謹藏而保護之況詩者出於親之性情成於親之咳唾翁乎宜君之惓惓收錄以傳于後昆也余未諳詩律不無閑中消遣之吟而無為我謄書者彼蒼之窮我甚矣附驥而有千里之望遂書于尾歲甲辰抄夏竹林畸庵居士

李諠仲跋

惟我李兄慶牀氏早擅才名累蹶霜蹄　朝廷薦聞擢拜陵官甫謝纓羅掛冠歸來結芳于梧谷清溪之上仍以揭號曰梧今其亦無意於仕宦而冒樂乎泉石者歟溪源蓋自曲川堂達迤而邐迤三邑兩先生遺臺之下直匯于梧臺之前渾涵數

仞壁高十丈於焉偃息者豈非追前賢沂餘派者耶

此細吟咏之間觸物成句積稿盈篋旒質枯徵手自

精選極成上下篇凡五七四韻長篇千有餘首可見

其遺興而言志者也慶州氏早失椿府長於慈膝

之下傳於文而遊於藝又能孝於親而供子職遂收拾

先府君遺稿作譽巖集七篇枯徵於此亦可謂繼志

述事者也可不美哉余於慶州氏異宗三從兮也未無

用世學之師古於詩集之下不敢贅一辭而非文則不

能達相愛之情故忘僭贅附焉歲丁未夏五月密城

後學朴東欽敬伯謹跋

雜芳園集卷之二終

『雜卉園集』의 문헌적 특성

張 仁 鎭(동산도서관 고문헌실)

1. 서지 사항

청구기호 : 계명대 '이 811.081 이중경ㅈ'
李重慶(1599~1678) 著, 李祜徵(著者의 子) 編, 淸道, 顯宗 8(1667).
著者手稿本, 2卷 2冊, 30.6×20cm. 東裝
四周雙邊, 半郭 23.7×15.5cm. 有界. 10行20字, 內向二葉花紋魚尾
自序 : 靑龍(甲辰 : 1664年) 梧溪散人(李重慶 別號)
膝下兒 祜徵 追記
跋 : 甲辰(1664年) … 李誼仲[光義]
丁未(1667年) … 朴東欽

2. 저자

저자 李重慶(1599~1678)의 字는 慶叔, 號는 壽軒, 本貫은 全義인데, 조선 세종 조에 中樞院使를 지낸 孝靖公 李貞幹의 8세손이다. 효정공의 5세손이며 저자의 曾祖 李興智는 경상도 淸道의 名儒인 朴河淡의 따님을 娶한 인연으로 경기도 衿川에서 경상도 淸道로 寓居하였다. 아버지는 竇巖 李璣玉인데, 東岡 金宇顒과 寒岡 鄭逑 兩門에 師事하여 문장과 학덕에 뛰어 났으나, 정여립의 己丑獄死에 연루되어 함경도 鍾城에 유배되었으며, 39세에 졸하였다. 어머니는 경상도 醴泉 高坪里에 世居했던 潘夢壁의 따님이다.

저자는 1599년 4월 15일 청도에서 출생하였다. 6세에 부친을 여의고, 외가가 있던 예천 고평리로 이사를 하였다. 이곳은 일찍이 藥圃 鄭琢이 寓居하여 洞民을 위해 「高坪洞契約文」을 지어 敎化에 힘썼으므로, 儒風이 크게 일어난 곳이기도 하다.

7세에 외조부에게 글을 배우고, 다시 외숙부 東洲 潘潞에게 字學을 배웠다. 그 후 약포 정탁의 아들인 東湖 鄭允偉를 師事하였으며, 17세가 되던 1615년에는 그 아버지의

스승인 한강 정구 선생을 배알하였는데, 이 때 父가 연루된 기축옥사의 전말을 듣게 되고, 그 내용을 포함한 문답 내용을 수록하여 「泗濱問答」이라 이름을 붙였다.

20세가 되어서는 예천에서 청도로 還來하여 황폐되었던 家廟를 重修하고 先山을 修治하였으며, 당시 청도 井村에 거주하던 竹山人 朴炯의 따님을 娶하였다. 그 후 旅軒 張顯光을 비롯하여, 李天封, 李心弘, 徐思選, 朴壽春, 蔣文益 등 名儒의 門下에 從遊하거나 교유하였다.

44세가 되던 1642년에는 장인 朴炯을 비롯하여 李心弘, 郭鴻習, 朴宣章 등과 청도 雲門山을 유람한 후 「遊雲門山錄」을 지었으며, 49세 때는 청도 梧臺에 閒僻堂, 鳳棲亭을 지어서 寓居하였다. 58세가 되던 1656년에는 寓居地인 梧臺에서 時調로 된 「梧臺漁父歌」 20首를 지었다. 66세가 되던 1664년에는 그 아들 李祜徵이 자신의 詩文을 收拾한 것을 본 후에 書名을 『雜卉園集』이라 붙이고 스스로 序文을 지어서 완성하였으며, 75세가 되던 1673년에는 당시 청도군수 權佾의 請으로 淸道 最初의 邑誌인 『鰲山誌』를 편성하였다. 그러다가 80세가 되던 1678년에 청도 上北面 壽餘村 精舍에서 卒하였다.

3. 구성

이중경의 手稿本 『雜卉園集』은 전체 2권 2책으로 구성되어 있다. 구성된 내용을 살펴보면 卷首에 저자의 自筆 序文을 넣었고, 그 아래에 膝下兒(長男) 李祜徵이 追記하였다. 1권과 2권에는 시와 산문이 혼합되어 있고 전체 작품은 862편인데 詩가 대부분이다. 시를 제외한 작품으로 「紫溪書院祠宇重創上樑六偉幷序」, 「梧臺閑僻堂開基告神詞」, 「梧臺鳳棲亭上樑六偉幷序」, 「梧臺漁父歌九曲」, 「漁父詞五章」, 「漁父別曲前三章」, 「漁父別曲後三章」, 「五臺漁父歌自序」, 「藏拙窩記」, 「乙巳秋撤郡客舍還建舊基甲坐庚向上樑六偉」, 「戊申九月十日先考樹碣告詞」 등 11 편이다. 권말에는 甲辰年(1664)에 쓴 李誼仲(光義)의 발문과 丁未年(1667)에 쓴 朴東欽의 발문이 들어 있다.

이 『잡훼원집』은 280년이 지난 1948년에 曺秉善의 주도로 刪定 작업을 한 후 1959년에 후손 李成魯 등이 書名을 『壽軒先生文集』이라 고쳐서 6권 2책의 연활자본(초간본)으로 간행하였다. 간행본을 살펴보면 862편 가운데 삭거 357편, 내용 산개 211편 등 총 568편(약 65.9%)이 산삭되었다. 또 내용 산개 211편 중에서도 편명만을 취한 후 작품 몇 首씩을 삭거한 것이 보이므로, 실제 작품은 더 많이 산개한 것이다.

『잡훼원집』의 862 편 가운데 1959년의 간행본에서 삭거된 357편의 편명을 살펴보면 다음과 같다.

卷1 : 「次李誼仲(光義)」(2), 「紫溪書院懷古」, 「次李孤村(心弘)奉呈竹翁」, 「對雪獄」,

「謹次三足堂先生韻」, 「又次一絶」, 「道坪精舍次韻」, 「次不知窩(金基發)韻」, 「丙申三月服闋後作」, 「聽溪看柳」(2), 「次朴而訥(敏行)」, 「梧臺次謝諸友及新知朴而訥」, 「送誼仲禮仲汪然用前韻」, 「次方伯(徐元履)東京懷古韻」, 「次直熙上人」, 「次地主(李燦漢)韻」, 「代製月課」, 「月課(月過南宮漸映樓代製)」, 「在梧臺謾咏」, 「聞詩妓楚玉韻次咏」(2), 「咏盆梅次前韻贈汝愚」, 「夜坐咏懷」, 「次汝愚誼仲雙淸軒韻」(2), 「還家感懷」, 「偶有所見因成玉連環」, 「偶題寄畸翁」, 「次韻」(2), 「奉次納淸韻」, 「在梧臺吟」, 「閏三月旬二張時傑適至要作觀魚因成反律寄汝愚」, 「己亥季春海印寺金身流汗琴湖斷流人謂壬辰倭寇丙子胡亂有此變云」, 「謝地主臨訪用前韻」, 「久不見朴東梁偶然來訪悲喜咏詩」, 「種西果」, 「隣有少年來言倭聲洶洶諸邑人民皆爲避亂之計云因以一絶解之」, 「陶瓦盖屋(己亥作家庚子入宅)」, 「採桑女」, 「憶得舊贈一淸絶句」, 「贈一淸」, 「一淸軸中敬見曺梅湖(友仁)筆跡因次其韻」, 「贈別一淸用前韻」, 「次軸詩西厓韻」(2), 「霽景」, 「憎鳶」, 「效唐詩閨怨」, 「同一淸訪敬伯」, 「醉後」, 「詩癖」, 「治行將向溪庄」, 「到梧臺寄誼仲」, 「與沈子瞻(棇)觀魚馬淵(被謫住楡川)」, 「子瞻有約相尋阻雨不至」, 「夕霽」, 「燈夕次沈子瞻韻」(5), 「臨江」, 「撑舟」, 「梧溪書贈一淸上人」, 「彦陽女家送來當歸海物」, 「玉連環贈一淸上人」, 「奉呈沈子瞻令公幽居」, 「會飮(己亥)」, 「偶吟」, 「語頑婢」, 「晩景」, 「夜詠」, 「淸州神駒」, 「富平白髮白目兒」, 「京中黃雨」(2), 「謝沈子瞻來訪」, 「賀子瞻吉夢因步前韻」, 「過黃公壚有感八韻律(尙書令王戎事)」, 「石榴花」, 「喜雨」, 「挿秧」, 「步前韻謝子瞻」, 「又換做」, 「偸梅兒」, 「櫻桃」, 「又次幽居韻」, 「屬兒子補網」, 「擬次姚合題天台寺壁韻」, 「謝誼仲汝愚來訪」, 「次許堯佐金谷韻」, 「語穿渠役夫」, 「邊城四時怨」(4), 「少年行」, 「苦熱」, 「次姑蘇臺」, 「次陌上美人」, 「大雨」, 「次賈至與李白泛舟洞庭湖韻」, 「次巴陵夜別」, 「次明妃詞韻」(2), 「端午」(2), 「鞦韆」(2), 「冶遊女娘」, 「梳白髮」, 「霽後」, 「次栢林寺韻」, 「次江村卽事韻」, 「次楓橋夜泊韻」, 「憎蒼蠅」, 「夢過李思叔(儼)故居有感」, 「次誼仲汝愚喜雨詩韻」, 「出效擧哀」, 「五月十三日阻雨不得入公門野次會哭成服」, 「苦雨」, 「水破陵谷」, 「苦雨」, 「喜晴」, 「炎熱」, 「夜咏」, 「次杜屛迹」(2), 「次杜熱」(3), 「次杜咏嚴鄭公宅綠竹韻寄誼仲謝送筍」, 「暮吟」, 「小霽」, 「又步前韻謝子瞻書問」, 「次子瞻韻」, 「送子瞻大瓜」, 「送紅枾汝愚子瞻」, 「寄汝愚用前韻」, 「謝誼仲見訪用前韻」, 「汝愚見訪因贈以詩」, 「秋興用前韻」, 「始立醫局謝朴敬伯(東欽)」, 「次汝愚韻送別之京」(3), 「奉呈畸軒」, 「贈人」, 「更戲前韻贈汝愚汝愚以宣字難次故也」, 「又次汝愚前韻仍贈子瞻」, 「三十日夜」, 「次誼仲贈韻」, 「次竹林見寄梧臺韻」, 「奉呈子瞻求和」, 「詠新梅」, 「謝彦陽女兒送酒𣫡」, 「次誼仲來韻」, 「有所見聞」(3), 「更步前韻贈汝愚(李光智)」(※追記), 「戊戌仲冬鄕員卄餘人往宿天柱寺歸路呼韻」(※追記), 「挽詞」(※追記), 「次苞山朴大來(昌徵)郭子彬(弘章)比隣有唱和之韻(效杜律)」, 「聞郭道大將欲移居此地仍次前韻贈之」, 「正月晦時始治農務」, 「辛丑四月五日賜額紫溪書院有詠」, 「謝主倅糴租種」, 「代製月課次東坡上元侍飮」, 「淸和」, 「卽景六言」(2), 「挽羅聖遇(以賢)」, 「行祈雨祭翌日大雨遂有喜雨詩」, 「睡起」, 「聞暗行御史過去次唐詩韻」, 「望見挿秧聽號聲」, 「曉聽鷄兒始唱」, 「聽砧聲」, 「語末子操弓潛與弓

伴相從,」「晏起」(2), 「偶吟次杜詩韻爲多風竹」, 「夜月次杜詩」, 「次唐權德輿田家卽事」, 「換唐詩寄誼仲」(2), 「黃昏有感作」, 「灌園中西瓜」, 「看少年着棊」(2), 「晝眠」, 「偶吟」, 「逢詩僧呼韻」(2), 「梧臺觀漲呼韻」, 「次慈仁倅南宮氏(鈺)題雲門洞村壁詩因要梧溪之賞(丙午)」, 「曾有梧溪來訪之約而倅有故不果」, 「丙午九月十一日之明日乃先考忌辰也忽有悲感之懷卽成小絶」, 「翌日昧爽行事後書懷」, 「誼仲見和前韻又步寄呈」(3), 「偶吟秋興寄誼仲(丙午)」, 「賞菊偶吟」, 「居家雜興次誼仲」, 「謾興」, 「丙午四月大駕幸溫陽浴四十餘日仍作溫泉宮今年四月再幸浴三十日云」, 「暮色」, 「留院十餘日朴敬伯且至稽數夕仍各分散次別詩時林雨未收柳鶯且啼」, 「聞誼仲詠得云字贈敬伯余亦追次其韻以敍別懷寄兩君」, 「丁未夏朴始漢爲安東營將余次諸君別詩」, 「獨坐不堪孤寂扶杖往訪敬伯仍次伯韻」, 「次誼仲敬伯兩君韻」, 「次喜雨(閏四月二十六日祈雨翌日雨下)」(3), 「敬伯以詩遺余乃誼仲元韻也立促次走」, / 393편 중 187편 삭거.

卷2 : 「無題」(4), 「急雨」(2), 「責炊兒撤籬」, 「曉詠」, 「杏子」, 「牛毛煎麵」, 「辛丑春秋染疾大熾人民多損遂有傷嘆」, 「次誼仲韻」, 「在梧臺」, 「禱雨得利」, 「返照」, 「憶周卿」, 「臺上有懷」(2), 「在丁亥年作溪亭戊子年始居之」, 「風波」, 「一淸上人來訪」, 「昨夜苦風亂」, 「落日」, 「次周卿韻」(2), 「別周卿」, 「松壇獨臥」, 「早風」「夕陽」, 「臺上望見童子釣魚舟還」, 「蹔休冷泉」, 「過畸軒」, 「還家」, 「出見水田有嘆」, 「悼沈若泝」(2), 「聽蟬」, 「憎蒼蠅」, 「羨飛鳥」(2), 「次張巡守睢陽韻」, 「金承旨(應祖)以詩一絶贈密陽人密人要代次」(3), 「暮過村路」, 「責李景涉(名:檣,先我而行故也)」, 「入隔塵嶺內」, 「瞻謁張先生遺像次韻(影堂在立巖東百步之地)」, 「浣山道中」, 「宿慈仁釁舍」, 「登榕嶺語景涉」, 「自敍示友人」, 「奉次東洲表叔家居二十四松之岸有咏峯字韻」, 「至月二十二日夜書懷」, 「代次杜甫臘日四韻(月課)」, 「壬寅春民大飢地主(睦來善)出郊饋粥又賑濟卽以一律稱頌」, 「梧臺歸路次誼仲贈韻」, 「從釣叟立溪邊有詠」, 「雨中」, 「有所感」(2), 「喜雨」(3), 「雨裡釣翁」, 「白鷺雨立」, 「雨後看漲」, 「卽景」, 「溪亭卽事」, 「江漲」, 「惱興謾題」, 「暮景」, 「順成來滯數日請歸」, 「夜聞石灘」, 「悼曺尙周病亡」, 「石屛新畵」, 「沙洲林影」, 「石瀨鳴湍」, 「磯頭釣翁」, 「山中樵唱」, 「夜啼蜀魄」, 「盤巖獨立」, 「瓢巖魚躍」, 「登望前峯」, 「送奴貴業問彦陽寄食之妻子」, 「臺越邊有銀坑」, 「小兒施罟得細鱗一貫卽題」, 「一朝淸溪盡成濁流怪問之曰上流淘銀泥云」, 「而已溪流更淸怪問之曰銀泥終撤云」, 「謾次李商隱六韻」, 「有少娘渡江灘」, 「偶題」, 「歎祐兒不至」, 「睡覺後出步松棧」, 「喫當歸菜」, 「見漁翁白鷺共立江干」, 「戲題人過初疑却非」, 「偶題」(3), 「壬寅四月十五夜月」, 「浣絲」, 「感興偶題十四韻」, 「前日移種竹竿枯死殆盡有嘆」, 「子婦送酒」, 「庚子辛丑大無壬寅春民大飢染病相傳家婢亦出野幕憂念有吟」, 「警責蒼頭」(3), 「偶題」, 「溪路仙娥」, 「謾題」, 「無題」, 「送祐兒庄舍省其兄」, 「始啖竹筍」, 「睡起謾成」, 「次畸翁見寄」, 「又步前韻贈畸翁」, 「晝眠」, 「憶雲門寺呼韻」, 「謾題」, 「自掃巖逕」, 「波心兩點」, 「謾題所見」, 「壬寅四月晦日雨下盖有三大雨而年豊可期云」, 「江漲」, 「梧峯登望呼韻」, 「江閣新晴

呼韻」, 「老妻厭苦灘聲呼韻」, 「次唐詩劉滄四韻」(2), 「畸翁以次而煥(朴自章)贈梧臺韻」, 「大風雨」, 「五月初八日對月酌流霞酒三盃」, 「朝晴」, 「聞家信」, 「次畸翁韻」, 「雨」, 「夢中吟」, 「曉鷄」, 「謾題」, 「語老妻」, 「出步江干」, 「五月十五日乃祜子生日不得相見有懷」, 「靜坐」, 「忽有一蝶樸腮」, 「待祜子是日將來覲」, 「昨夜與祜子話」, 「自梧臺還至畸軒押呼韻」, 「還家再步前韻謝畸翁」, 「奉呈主倅」, 「雨中僧至」, 「雲門僧秀嚴來訪」, 「觀漲因愁水災」, 「思歸」, 「壬寅臘月晦日夜咏」, 「次入齋書院諸公韻」(2), 「癸卯四月初七日到溪亭記夜夢」, 「題臺頭坐石」, 「次雨不絶杜韻」, 「梧臺次贈朴敬伯韻」, 「山堂除夜後元朝次諠仲韻」, 「余訪省峴甎門前一條垂楊正吾自言其先大夫嘗爲此郵時手植而今過三十餘春常多感懷云因詠一絶以贈」, 「畸軒架松簷有詠卽次其韻」, 「次竹翁要余山堂除歲(甲辰)」, 「奉次尹地主韻(丙午元日時地主將休告歸家)」, 「偶題」, 「戊申七月登紫溪書院詠歸樓口占示院長李諠仲(樓乃院長新作也)」, 「夢贈申上舍」, 「稚孫戱問」, 「答稚孫問」, 「賞梅有意」, 「乞人歎」, 「朝起獨坐有僧來話」, 「夜咏」, 「戊申冬祜子以事往花山久不還」, 「戊申年夏秋大旱民食甚艱至歲辰而無閭里之歡皆怨朝政不調以致天灾云」, 「除夕(戊申)」, 「記夢」, 「立春(己酉元月四日)」, 「孫孩傑三六歲時學新增類合至職御二字問曰此二字何義余不能對卽題小絶三以奬之」(3), 「次竹翁韻」, 「次送淑上人」, 「己酉除夕夜詠」, 「元曉」, 「朋會納淸軒用以春柳(云云)」, 「梧臺夢憶」, 「春望」, / 469편 중 170편 삭거(산개의 경우는 권1에서 107 편, 권2에서 104 편, 합 211편임)

한편 1959년의 간행본에 새롭게 추가한 것이 있는데, 편명을 살펴보면 다음과 같다.

詩(4) : 「挽李白川(天封)」, 「挽徐東皐(思選)」 「喜雨」, 「視聽」.

書(17) : 「上寒岡先生」, 「上旅軒先生」, 「上李白川」, 「答李孤村」, 「上李孤村」, 「上內舅潘東洲」, 「答徐華谷」, 「答徐東皐」, 「答權侯」, 「答李愼彦」, 「答朴敬伯」, 「與孫敬伯」, 「答李諠仲」, 「答朴士成」, 「與朴和伯」, 「答朴仁叟」, 「寄舍弟榮叔」.

序(1) : 「鰲山志序」.

跋(7) : 「謹書三足堂金先生己卯遺事後」, 「書徐侯拄笏軒記後」, 「敬書先考寶巖府君日錄後」, 「書鰲山志後」, 「書壽餘村舍閒覽後」, 「書內舅潘府君雲門遺錄跋後」, 「書鳳棲亭唱酬後」.

祭文(7) : 「祭寒岡先生墓文」, 「祭孤村李公文」, 「祭內舅東洲潘公文」, 「祭東皐徐公文」, 「祭外舅參奉朴公文」, 「祭舍弟榮叔文」, 「祭從子奎徵文」.

狀碣文(5) : 「李侯遺愛碑銘」, 「奉事朴公墓碣銘」, 「祖考處士府君墓表」, 「先考寶巖府君墓表」, 「先妣恭人潘氏墓表」.

雜著(3) : 「泗濱問答」, 「遊雲門山錄」, 「山水圖說」.

간행본에 추가된 것은 총 44편이다. 그런데 간행본의 目錄에 표기된 권5의 경우는

「鰲山誌」라 되어 있어서 당초 「鰲山誌」를 수록하기로 계획한 것 같은데, 어떠한 문제가 있었음인지 수록하지 않았다.

4. 내용

『잡훼원집』의 내용 가운데 몇 가지를 살펴본다.

스승 東湖 鄭允偉를 평한 것으로 「夢見(先師)鄭東湖」라는 詩를 보면 "仁人之量古人風 學有淵源道有工"라 하여 어진 풍모에 도학 연원이 있음을 밝히고 있는데, 간행본에서는 이 내용이 삭거되어 있다. 또 長詩 작품 「辨仙道(四十句)」를 지어 儒學을 옹호하고, 「歎事神」을 지어 淫祠에서 邀福하는 일들을 비판하기도 하였다.

이중경은 당쟁이 격화되던 시기에 살았다. 「嘗在崇禎辛未 紫溪書院刊濯纓文集 今幾三十載刓剝已盡 戊申重刊(云云)」의 내용을 보면 당파와 관련하여 자신의 입장을 드러내고 있다.

지난 崇禎 신미년(1631)에 자계서원에서 『탁영문집』을 간행했는데 이제 거의 30년이 지나 판목에 새긴 글자가 닳아 없어지니 무신년(1668)에 重刊을 하였다. 일찍이 序跋이 없어서 한성을 왕래하는 사람으로 하여금 당세에 秉筆家를 찾아 序跋을 청하라고 하였는데, 宋尤齋(尤菴)에게 잘못 청탁하여 序文을 얻게 되었다. 우재는 곧 그 당시 사람들이 숭상하는 자였으나 그 행세하는 것은 자못 南人이 부끄럽게 생각하는 것이다. 글 또한 欠缺과 瑕疵가 많아서 책머리에 넣어서 후대에 남기는 것은 옳지 못하다.

이 글은 보면 『탁영문집』의 重刊本인 戊申本(1668년)의 序文을 받은 일로 인하여 淸道 士林의 논란과 우암 송시열을 폄하하는 등, 南人風에 입각한 당시 선비들의 분위기를 살필 수 있다.

이중경은 58세가 되던 1656년에 時調로 된 「梧臺漁父歌」 20首를 지어서 卷1에 수록하였는데, 이 작품은 '梧臺漁父歌九曲' 9수, '漁父詞五章' 5수, '漁父別曲前三章' 3수, '漁父別曲後三章' 3수 등으로 구성되어 있음을 알 수 있다.

「오대어부가」 20수에 대한 내용은 다음과 같다.

梧臺漁父歌 九曲

一曲 勝溪山의 (1)<u>生涯ᄅᆞᆯ 브텨두고</u>
漁樵을 일을삼아 百年을 보내리라
(2)<u>어즈워</u> 武夷九曲이 (3)<u>예도 권가 ᄒᆞ노라</u>

二曲 (4)釣漁舟ᄅᆞᆯ 碧波의 (5)ᄠᅴ워가쟈
(6)아ᄒᆡ야 놀저어라 石齒예 (7)걸릴셰라
(8)뎌우희 綠苔磯頭의 (9)白鷗ᄒᆞᆫᄃᆡ 가리라

三曲 一竿竹을 夕陽의 빗기들고
淸江을 구어보니 白魚도 (10)하고할샤
(11)이마ᄉᆞᆯ 世上人間의 제 (12)뉘라셔 알리오

四曲 貫柳魚ᄅᆞᆯ (13)ᄇᆡ예담아 돌아오니
白沙 汀洲의 櫓聲이 (14)얼의엿다
아ᄒᆡ야 酒一盃브어라 (15)漁父詞ᄅᆞᆯ 브로리라

五曲 (16)任所如ᄒᆞ니 淸灘의 (17)흘리ᄲᅧ가
(18)ᄑᆞ래목 도라드러 (19)碧潭의 머믈거다
아ᄒᆡ야 (20)놀저어내여라 (21)石屛下의 가쟈

六曲 如遺世ᄒᆞ니 (22)身心도 閑適ᄒᆞᆯ샤
(23)魚鰕ᄅᆞᆯ 버ᄃᆞᆯ삼고 水石을 (24)지블삼아
(25)늘기ᄅᆞᆯ 다 니ᄌᆞᆫ후의 (26)놀고노쟈 ᄒᆞ노라

七曲 芙蓉石이 波中의 躍出[1]ᄒᆞ니
太華峯 玉井의 十丈花 (27)픠엿ᄂᆞᆫᄃᆞᆺ
此間의 太乙眞人이 (28)蓮葉舟ᄅᆞᆯ 타인ᄂᆞᆫᄃᆞᆺ

八曲 恣回沿ᄒᆞ니 江光이 (29)無際ᄒᆞᆫᄃᆡ
淸風 徐來ᄒᆞ니 水波不興 (30)ᄒᆞ엿도다
이 (31)ᄇᆡᄅᆞᆯ 中洲에 머므러 風景보기 죠해라

九曲 泝流光ᄒᆞ여 溪亭에 도라가쟈
滿江ᄒᆞᆫ 風月을 이 (32)ᄇᆡ예 시러시니
가다가 (33)뎌근ᄃᆞᆺ 머므러 다시놀고 그티쟈

漁父詞 五章

漁父 漁父들하 (34)네 내오 내 네로라
네 버지 내어니 내 (35)너ᄅᆞᆯ 모ᄅᆞᆯ소냐
此中의 閑暇ᄒᆞᆫ (36)生涯ᄂᆞᆫ 너와 나가 잇도다

白鷗 白鷗들하 (37)내 네오 네 내로다
내 버지 네어니 네 (38)나ᄅᆞᆯ 모ᄅᆞᆯ소냐

1) 원본에는 '濯出'로 되어 있는데 誤記인 듯 하다.

此中의 閑暇ᄒᆞᆫ 溪山의 나와 너와 (39)놀리라

靑山은 언제나며 綠水은 언제난고
前萬古 後萬古 져나히 언매언고
내 몸도 此中에 놀아 (40)를글주리 업세라

功名도 내몰래라 富貴도 내몰래라
虛浪ᄒᆞᆫ 人生이 世事도 내몰래라
아마도 이 江山 아니면 내 몸 (41)ᄃᆞᆯᄃᆡ 업세라

前溪예 (42)고기낫고 後山의 (43)菜을키여
잇거나 업거나 굴머시나 머거시나
此生의 근심이 (44)업ᄉᆞ니 그ᄅᆞᆯ 즐겨 ᄒᆞ노라

漁父別曲 前三章

아이고 (45)애ᄃᆞᆯ올샤 아이고 (46)셜올셰고
罔極ᄒᆞᆫ (47)天地예 내 ᄒᆞᆫ자 사라이셔
(48)녜잇던 魚采ᄅᆞᆯ보니 내 (49)안 ᄃᆞᆯᄃᆡ 업세라

처엄의 (50)못ᄉᆡᆼ각ᄒᆞ여 詩書을 일삼도다
中間의 妄녕되여 (51)名利ᄅᆞᆯ ᄇᆞ라도다
(52)物外예 風月江山이 내 분인가 ᄒᆞ노라

이런들 뉘 (53)올타ᄒᆞ며 (54)져러ᄒᆞᆫᄃᆞᆯ 뉘 외다ᄒᆞ료
올거나 외거나 나도 내 일 (55)모ᄅᆞ노라
世上이 (56)是非ᄅᆞᆯ마라 (57)漁父ㅣ ᄆᆞ슴 그ᄅᆞ리

漁父別曲 後三章

經綸을 내 아더냐 濟世ᄒᆞ리 (58)업슬러냐
(59)太平 時世ᄂᆞᆫ 언메나 머런ᄂᆞᆫ고
匹夫의 (60)爲國忠心을 내여뵐ᄃᆡ 업세라

내 나히 (61)만커니ᄯᆞ나 머리도 (62)셰거니ᄯᆞ나
少年時 (63)ᄆᆞᄋᆞᆷ은 (64)ᄎᆞᄉᆡᆼ 아니 늘건노라
日日에 (65)兒戱ᄅᆞᆯᄒᆞ니 (66)웃ᄂᆞᆫ줄을 모ᄅᆞᆫ다

蒼山은 놉고놉고 (67)流水ᄂᆞᆫ 길고길고
山高 水長ᄒᆞ니 (68)긔아니 죠ᄒᆞᆯ소냐
山水間 一閑人되여 (69)허믈업시 사노라

우리나라 주요 「어부사」에 대하여 살펴보면 『악장가사』의 「어부가」나 농암 이현보의 「어부가」가 다 7言의 漢詩句를 주로 하여 이루어진 독립적인 형태의 시가(체)였다. 그러다가 고산 윤선도가 지은 「어부사시사」는 7言 4句의 한시를 우리말로 바꾼 것이라 하겠는데, 이중경의 「오대어부가」는 위의 인용문에서 보는 것처럼 '시조'로 된 '어부가'인 것이다. 이 작품은 주희의 「武夷九曲」에서 9곡을 취하여 주자의 의식을 본받았고, 농암 이현보의 「어부장가」 9장과 단가 5장이라는 형태적 영향을 취했으며, 퇴계 이황의 「도산십이곡」의 전·후 6곡에서 그 반을 취하여 별곡 전·후 3장을 지었으므로 주자와 퇴계의 작품에서 영향을 받은 것이라 하겠다.

그런데 위의 「오대어부가」를 1959년에 간행한 『수헌선생문집』의 수록 내용과 비교하면 글자가 다르게 표기된 부분이 많다.[2]

위의 인용문에서 ( )를 표시하고 밑줄 친 부분이 간행본에서 다르게 표기한 내용인데 옮기면 다음과 같다.

(1) 生涯롤 브텨두고 → 生涯랄 브처두고
(2) 어즈워 → 어저워
(3) 예도 권가 ᄒᆞ노라 → 예도 긴가 하노라
(4) 釣漁[3]舟롤 → 釣漁舟랄
(5) ᄠᅴ워가쟈 → 띠워가자
(6) 아ᄒᆡ야 → 아해야[4]
(7) 걸릴셰라 → 걸릴세라
(8) 뎌우희 → 저우희
(9) 白鷗ᄒᆞᆫᄃᆡ → 白鷗한대
(10) 하고할샤 → 하고할사
(11) 이마ᄉᆞᆯ → 이만살
(12) 뉘라셔 → 뉘라서
(13) ᄇᆡ예 → 배에
(14) 얼의엿다 → 얼리엿다
(15) 漁父詞롤 브로리라 → 漁父詞를 부로리라
(16) 任所如ᄒᆞ니 → 任所如하니[5]
(17) 흘리ᄠᅧ가 → 흘리떠가
(18) ᄑᆞ래목 → 파래목
(19) 碧潭의 머믈거다 → 碧波의 머믈것다
(20) 놀져어 → 놀져어
(21) 石屛下의 가쟈 → 石屛下에 가자

2) 李重慶, 『壽軒先生文集』(연활자본, 漆谷, 1959년), 권4, 53-55頁, 「梧臺漁父歌」
3) 물고기를 낚는다는 의미는 '釣魚'가 되겠는데, 원본에 '釣漁'로 표기된 것은 誤記라고 본다.
4) 이하에서 보인 '아ᄒᆡ'는 모두 '아해'로 대체되었음.
5) 이하에서 보인 '~ᄒᆞ다'는 모두 '~하다'로 대체되었음.

(22) 身心도 閑適ᄒᆞᆯ샤 → 心身도 閑適할사
(23) 魚鰕ᄅᆞᆯ 버ᄃᆞᆯ삼고 → 魚鰕를 버달삼고
(24) 지블 → 집을
(25) 늘기ᄅᆞᆯ 다 니즌 → 늙기를 다 이즌
(26) 놀고노쟈 → 놀고노자
(27) ᄑᆡ엿ᄂᆞᆫᄃᆞᆺ → 피엿난닷
(28) 蓮葉舟ᄅᆞᆯ 타인ᄂᆞᆫᄃᆞᆺ → 蓮葉舟를 타인는닷
(29) 無際ᄒᆞᆫᄃᆡ → 無際한대
(30) ᄒᆞ엿도다 → 하얏도다
(31) ᄇᆡᄅᆞᆯ → 배를
(32) ᄇᆡ예 → 배에
(33) 뎌근ᄃᆞᆺ 머므러 → 뎌근닷 머무려
(34) 네 내오 → <u>네 내노</u>
(35) 너ᄅᆞᆯ 모ᄅᆞᆯ소냐 → 너를 모를소냐
(36) 生涯ᄂᆞᆫ 너와 나가 잇도다 → 生涯난 너와 나와 잇도다
(37) 내 네오 → <u>내 네노</u>
(38) 나ᄅᆞᆯ 모ᄅᆞᆯ소냐 → 나를 모를소냐
(39) 놀리라 → 노리라
(40) 를글주리 업세라 → 늘글주리 <u>업세리라</u>
(41) 둘ᄃᆡ 업세라 → 둘대 <u>업세리라</u>
(42) 고기낫고 → 고기낙고
(43) 菜을ᄏᆡ여 → 菜을캐여
(44) 업ᄉᆞ니 그ᄅᆞᆯ 즐겨 → 없으니 글를 즐겨
(45) 애ᄃᆞᆯ올샤 → 애달을사
(46) 셜올셰고 → 설을세고
(47) 天地예 내 혼자 → 天地애 나 혼자
(48) 네잇던 魚采[6]ᄅᆞᆯ보니 → 네잇든 魚菜랄보니
(49) 안 둘ᄃᆡ → <u>마암</u> 둘대
(50) 못ᄉᆡᆼ각 → 못생각
(51) 名利ᄅᆞᆯ ᄇᆞ라도다 → 名利랄 바라도다
(52) 物外예 → 物外애
(53) 올타ᄒᆞ며 → <u>을락하며</u>
(54) 져러ᄒᆞᆫᄃᆞᆯ 뉘 외다ᄒᆞ료 → 저러한들 뉘 <u>의타하료</u>
(55) 모ᄅᆞ노라 → 모라노라
(56) 是非ᄅᆞᆯ 마라 → 是非를 마라
(57) 漁父ㅣ 므슴 그ᄅᆞ리 → 漁父 무슴 그라리
(58) 업슬러냐 → 업슬런냐
(59) 太平 時世ᄂᆞᆫ 언메나 머런ᄂᆞᆫ고 → 太平 時世난 언메나 머런난고
(60) 爲國忠心을 내여뵐ᄃᆡ → 爲國忠心 내여빌대

6) 원본에 '魚采'로 되어 있던 것을 간행본에서는 '魚菜'로 바로잡았다.

(61) 만커니ᄯᆞ나 → 만커니따라
(62) 셰거니ᄯᆞ나 → 세거니따라
(63) ᄆᆞᄋᆞᆷ → 마암
(64) ᄎᆞᄉᆡᆼ 아니 늘건노라 → 차성 안니 늘것노라
(65) 兒戱ᄅᆞᆯ → 兒戱랄
(66) 윗ᄂᆞᆫ줄을 모ᄅᆞᆫ다 → 윗난줄을 모란다
(67) 流水ᄂᆞᆫ → 流水난
(68) 긔아니 죠ᄒᆞᆯ → 긔안니 죠할
(69) 허믈 → 허울

간행본을 살펴보면 '~ᄒᆞ다'는 '~하다'로 통일하여 표기하고 있으나 '~ᄅᆞᆯ'은 '~랄 / ~를'로, '~ᄂᆞᆫ'은 '~난 / ~는'으로, '~예'는 '~에 / ~애'로, '~의'는 '~의 / ~에'로 혼용하고 있음을 알 수 있다. 또한 밑줄 친 것과 같이 잘못 표기된 부분이 나타나는 등 통일성이 없으므로 당시 편자와 교정자가 자의적으로 표기했음을 알 수 있다.

한편 이중경은 「오대어부가」 외에도 「藏拙窩記」에 붙여서 기록한 '藏拙窩歌'라는 시조 1수를 더 남겼는데 간행본에는 삭제되어 있다.

> 窩ᄂᆞᆫ 내 집이오 拙은 내 병이라
> 내 집의 누어서 내 병으로 늘거시니
> 世上의 無病ᄒᆞᆫ 君子을 블올줄리 업세라.

이 작품에서는 저자의 隱逸的 지조와 자연적 취향이 담겨져 있음을 알 수 있다.

이중경은 1568년에 차남 祐徵이 花山[安東]에 일이 있어 갔다가 오래도록 돌아오지 않음을 걱정한 「戊申冬祐子以事往花山久不還」와 자식의 일상을 담은 「蜀兒子補網」, 아내에 대해 정을 표한 「老妻厭苦灘聲呼韻」, 「病妻」, 「語老妻」, 「老妻爲釀小醪始酌一盃」, 6세 손자가 『新增類合』을 배우면서 질의한데 대한 느낌을 적은 것 등, 가족에 대한 정을 진솔하게 표기한 작품도 많이 남겼다.

이 가운데 「蜀兒子補網」이란 시를 살펴본다.

非文非武我無能	내 무능하여 문장도 못하고 무예도 못하니
有子將何父業承	너는 무엇으로 父業을 계승하려 하는가.
所事惟知魚網罟	일삼음이 오직 고기 잡는 그물만 알고 있으니
爾須治線補纖罾	너는 고기 그물 고치는 일을 해야 할 것이네.

자식을 보면서 가문을 걱정한 詩다.

다음으로 고을 선배인 삼족당 金大有선생의 시에 차운한 「謹次三足堂先生韻」 1수를 살펴본다.

雲山疊疊水淵淵	운산은 첩첩하고 물은 깊고 깊어
山水兼人百代傳	산과 물과 사람(삼족당) 백대토록 전해오네
山水不盡傳不盡	산과 물 다함없으면 전해짐도 끊임없을 터
雲山無語水無言	운산은 말이 없고 저 물도 말이 없네.

이 시에서 사람은 삼족당을 의미하고, 雲山과 水는 삼족당이 기거하였던 청도의 雲門山과 東倉川을 지칭한다고 하겠다. 시에 첩자가 많고, 내용이 단조로운 감은 있으나 삼족당의 우뚝한 정신을 후대에 길이 전하고자 한 뜻이 담겨 있다.

이중경은 임진왜란 직후 태어나 병자호란을 겪었다. 전후 민심의 흉흉함과 흉년에 생활하는 백성들의 고달픔, 정치혼란 등을 보인 社會詩로 「隣有少年來言倭聲洶洶諸邑人民皆爲避亂之計云 因以一絶解之」, 「辛丑春秋染疾大熾人民多損 遂有傷嘆」, 「戊申年夏秋大旱民食甚艱 至歲辰而無閭里之歡 皆怨朝政不調以致天灾云」, 「畸翁寄書云有草竊夜入田中摘麥主人覺得制挺潛俟見有人伏狀毆打無數頑然不動(云云)」, 「聞家有莝斫刀盜人偸去云」, 「乞人歎」 등은 이러한 분위기를 반영한 작품이다.

한편 국가의 科擧에 응시하는 선비 수가 급격히 늘어난 것과, 과거시험에 혼탁함을 보여준 작품도 있다. 1668년 겨울에 보인 慶科 庭試에서는 서울에 文才 千餘人, 武藝二萬餘人이 참가하였는데, 이 때 문과 13인, 무과 12인만 취하였다. 그러나 이마저 일을 맡은 有司가 公道를 잃게 되어 罷榜이 된 것이다. 응거한 자들은 동절기 수월 간의 辛苦로 인해 憤恨한 심경을 머금게 되었다. 이중경은 「國朝設科 取文武士咸聚京師者文才千餘人武藝二萬餘人 而只取文科十三武科十二有司且無公道落魄者憤恨備說凍寒數月留京辛苦之狀卽以二絶贈慰(戊申冬)」, 「戊申秋東殿疾甚幸愈 冬設慶科庭試旋以無公道罷榜」이라는 詩를 지었다.(당시의 일을 상고해보면, 庭試를 管掌한 趙復陽이 太學의 課試題目으로 出題된 것을 다시 出題하였으므로 물의를 일으켜 罷榜한 것이다.)

또한 각종 소문이나 유언비어 등이 난무했던 시대상을 반영한 작품도 있다. 기해년(1659)에 일어난 여러 가지 일로, 해인사 金身이 땀을 흘린 일, 금호강이 斷流한 일, 개구리(蛙)가 무리를 지어서 彦陽城으로 들어간 일 등은 지난 임진, 병자란 때와 같은 조짐이라고 사람들이 말하였다고 하였다. 또 머리에 뿔난 忠州 사람의 일, 安岳의 赤水, 淸州의 神駒, 富平의 白髮 白目한 어린이, 京中의 黃雨 등도 들었다고 하며 시를 지었다. 그런데 이 해에 효종대왕이 승하하였다. 이중경은 효종에 대하여 「國喪(己亥五月初四日昇遐七日聞訃是孝宗大王也」라 하고, 詩의 末尾에 "孝廟朝治兵鍊卒 欲洗山河之恥"라고 평가한 사실이 주목된다.

5. 가치

이중경의 수고본『잡훼원집』은 300여년간 후손가에 전해진 귀중한 자료이다. 이 책 제1권의 뒷 표지 앞면에 "前參判李公端錫子 統制使復淵在營時 謄此兩卷而去 丁未九月日"이란 墨記가 있어서 1727년에 통제사 李復淵이 베껴간 일이 있음을 알 수 있다. 그러나 이 謄寫本은 현재 전해지지 않고 있다.

이 책의 작품 제목을 살펴보면 당시 저자가 붙인 제목은 대부분이 長文으로써 특히 저작 연대까지 표기하는 등 사실을 구체화하였다. 따라서 당시의 사회상이나 역사를 이해하는데 큰 도움을 주고 있다. 그런데 후대에 간행한『수헌선생문집』을 살펴보면 작품의 제목을 대부분 줄이고 年代도 삭거한 사실을 알 수 있다. 뿐만 아니라, 내용에 있어서도 많은 부분을 산개하여 저자의 의식을 변개한 것이다.

『잡훼원집』의 내용 가운데 주목할 만한 원고 작품으로는 위에서 언급한 時調로 된「梧臺漁父歌」 20首이다. 이에 대해서는 필자가 학계에 보고한 바 있다.

이처럼『잡훼원집』은 저자가 직접 자필로 서문을 붙인 원고본이라는 점을 감안할 때, 저자의 현실인식과 당시 사회상을 연구하는데 중요 자료가 될 것이라고 본다.

참고 문헌

李重慶,『壽軒先生文集』(연활자본, 漆谷, 1959년), 6권2책.

張仁鎭,「새로 발굴된 李重慶의 梧臺漁父歌」(『圖書館學』 第10輯, 韓國圖書館學會, 1983. 6).

張仁鎭,『嶺南 文集의 文獻的 研究』(영남대학교 대학원 국문과 박사학위 논문, 2005.8) 등.

계명대학교
동산도서관
고문헌총서
7

잡훼원집(雜卉園集)

2008년 10월 27일 인쇄 25,000원
2008년 11월 3일 발행

편자 계명대학교동산도서관
발행인 신일희
발행처 계명대학교출판부
등록 1970년 9월 1일 대구 제7-44호
주소 대구광역시 달서구 신당동 1000번지
전화 580-6232~33 팩스 583-5213

ISBN 978-89-7585-440-8

PRINTING 동아종합인쇄사 잘못된 책은 바꾸어 드립니다.